별난 기자 본본,
# 우리건축에
### 푹 빠지다

별난 기자 본본, 우리 건축에 푹 빠지다
ⓒ 구본준 2010

**초판 1쇄 발행** 2010년 2월 22일 | **13쇄 발행** 2023년 12월 15일

**지은이** 구본준 | **그린이** 이지선 | **펴낸이** 이상훈 | **편집** 한겨레아이들
**디자인** SALT & PEPPER Communications | **마케팅** 김한성 조재성 박신영 김효진 김애린 오민정

**펴낸곳** (주)한겨레엔 www.hanibook.co.kr | **주소** 서울시 마포구 창전로 70 (신수동) 5층 한겨레출판
**전화** 02-6383-1602~3 | **팩스** 02-6383-1610 | **이메일** book@hanien.co.kr
**출판등록** 2006년 1월 4일 제313-2006-00003호

ISBN 979-11-6040-732-7  73600

- 값은 뒤표지에 있습니다.
- 이 책의 일부 또는 전부를 재사용하려면 반드시 저작권자와 (주)한겨레엔 양측의 동의를 얻어야 합니다.
- KC마크는 이 제품이 공통안전기준에 적합하였음을 의미합니다.
- ⚠ 책 모서리에 다치지 않게 주의하세요.

현장에서 찾은
건축 키워드 10

# 별난 기자 본본, 우리 건축에 푹 빠지다

구본준 글 | 이지선 그림

한겨레아이들

차례

프롤로그
6쪽

01 집의 얼굴, 지붕
10쪽

04 최고의 난방, 온돌
50쪽

05 뽐내는 창호
62쪽

08 옛날 학교, 향교
100쪽

09 정겨운 읍성
112쪽

**02** 춤추는 기둥
24쪽

**03** 최고의 냉방, 마루
38쪽

**06** 복이 드나드는 문
74쪽

**07** 꽃처럼 예쁜 담
86쪽

**10** 아름다운 정원
124쪽

에필로그
136쪽

취재 수첩
142쪽

프롤로그

## 우리 건축의 아름다움을 찾으라고?

"큰일 났다. 지각이야!"

잠에서 깬 본본 아저씨는 시계를 보고 비명을 질렀어요. 어제 밤 늦게까지 만화책을 보느라 늦잠을 자 버린 거예요.

세수도 제대로 못하고 부랴부랴 옷을 입고 지하철역으로 뛰어갔어요. 승강장에 도착하니 마침 지하철이 들어오고 있었어요. 본본 아저씨는 빨리 올라타려고 문 안으로 뛰어들다가 그만 어떤 아주머니의 발을 밟고 말았어요. 그 바람에 처음 보는 아주머니한테 큰 소리로 야단을 맞아야 했지요.

본본 아저씨는 그래도 지하철이 빨리 와서 다행이라고 생각했어요. 그런데 웬걸, 양말을 짝짝이로 신고 나온 거예요. 가만히 보니까 단추를 잘못 끼워서 윗도리도 비뚤어져 있어요. 아저씨는 뒤돌아서서 단추를 다시 끼우며 생각했어요.

'내일부터는 꼭 일찍 일어나서 느긋하게 출근해야지. 이게 뭐람.'

이게 다 만화 때문이에요. 본본 아저씨는 재미있는 만화만 보면 그 자리에서 단숨에 읽어야 직성이 풀리거든요. 아저씨는 어릴 적에 늘 '공부가 만화처럼 재미있으면 얼마나 좋을까' 생각하곤 했답니다. 어른이 되고 나서는 '회사 일이 만화처럼 재미있으면 얼마나 좋을까' 생각하죠.

본본 아저씨가 만화를 좋아하는 건 이유가 있어요. 재미있기도 하지만, 이것저것 몰랐던 것들을 알 수 있으니까요. 아저씨는 새로운 것을 알아내는 걸 가장 좋아하거든요.

본본 아저씨는 호기심이 많아요. 어디서든 새로운 것, 재미난 것만 보면 궁금해서 참을 수가 없어요. 궁금하고 신기한 것은 끝까지 알아봐야 직성이 풀리지요. 그러다가 지각도 하고 실수도 하지만 말이에요. 그래서 호기심쟁이 본본 아저씨는 자기가 가장 잘할 수 있는 일을 직업으로 골랐어요. 바로 기자가 된 거예요. 기자는 사람들에게 날마다 새 소식을 전해 주는 일을 해요. 본본 아저씨는 '겨레신문' 문화부에서 일하고 있어요.

기자는 부지런해야 돼요. 그런데 오늘 또 지각을 하고 만 거예요. 다른 사람들 모르게 조심조심 자리로 들어가려는데, 갑자기 누가 아저씨를 불렀어요.

"본본 씨, 이리 좀 와 봐."

문화부에서 가장 높은 부장님이었어요.

'난 죽었다.'

아저씨는 잘못했다는 표정을 애써 지으며 부장님에게 다가갔어요.

부장님은 본본 아저씨한테 종이 한 장을 건넸어요. 종이에는 '우리 건축의 아름다움을 찾아서'라고 씌어 있었어요.

"본본 씨가 취재할 기사야. 당장 취재를 시작해서 다음 주부터 기사로 써."

"건축이오? 이건 김 기자가 하기로 한 거 아니에요?"

"김 기자가 갑자기 이집트로 출장을 가기로 했어. 그러니까 본본 씨가 대신 써. 김 기자가 계획은 다 잡아 놨으니

본본 씨가 취재만 하면 돼."

그때 부장님 휴대폰이 요란하게 울렸어요.

"여보세요? 응, 지금 바로 나갈 거야, 조금만 기다려."

"부장님, 저는 건축에 대해서는 잘 몰라요. 이거 말고 만화 기사를 쓰면 안 되나……?"

본본 아저씨가 종이에서 눈을 떼고 고개를 들었을 때, 성격 급한 부장님은 벌써 나가 버리고 없었어요.

"아침부터 일이 꼬인다 싶더니 이게 무슨 날벼락이야."

본본 아저씨는 한숨을 쉬며 책상에 앉았어요. 아저씨는 건축에 대해서는 아는 게 별로 없었어요. 게다가 우리 전통 건축인 한옥에서는 살아 본 적도 없었지요.

본본 아저씨는 부장님이 준 종이를 들여다봤어요. 거기에는 취재할 장소들이 적혀 있었어요. 개심사, 해미읍성, 전주향교………. 거의 다 처음 들어 보는 이름들이었어요. 갑자기 엄청나게 어려운 숙제가 생긴 것 같았어요. 힘이 쭉 빠진 아저씨는 다시 한번 한숨을 쉬면서 일어났어요.

"커피라도 마시면서 다시 읽어 봐야겠어."

자판기에서 커피를 뽑아 자리에 앉는 순간, 아저씨는 또 한번 엄청난 실수를 하고 말았어요. 취재 계획을 적은 종이에 커피를 엎지르고 만 거예요.

"으악!"

다른 기자들이 모두 아저씨를 쳐다봤어요. 아저씨는 손이 뜨거워지는 것도 모르고 종이

부터 집어 들었어요. 그런데 종이에 쓰인 글씨는 벌써 절반 넘게 지워지고 말았어요.

"개심사는 기둥이 멋있다고 했고, 경복궁은 굴뚝을 보라고 했던가? 해미읍성은, 음, 성이니까 성에 대해 쓰는 거겠지? 전주향교는 뭐였더라……. 아, 이제 난 죽었다. 어떡해!"

본본 아저씨의 우리 건축 취재는 이렇게 시작됐어요. 아저씨는 글씨가 지워진 부분을 알아내려고 공부를 시작했어요. 건축에 대한 책을 모조리 찾아서 읽고, 건축가들을 만나 이야기를 들었어요.

그런데, 이상한 일이 생겼어요. 처음에는 너무 어려워서 무슨 말인지도 몰랐던 건축이 점점 재미있어진 거예요. 신기하게도, 건축에 대해 알면 알수록 우리 옛집이 좋아졌어요.

우리 옛집의 매력에 푹 빠져 버린 아저씨는 열심히 현장을 돌아다니며 취재를 했어요. 물론 아저씨가 쓴 기사는 좋은 반응을 얻었지요. 그러니까 여기 적힌 이야기들은 모두 본본 아저씨가 발로 뛰며 찾아낸 우리 전통 건축에 대한 이야기랍니다.

'전통 건축' 하면 기와지붕과 대청마루밖에 떠오르는 게 없었던 본본 아저씨. 하지만 지금은 우리 건축이 왜 좋은지 누구보다 잘 알게 되었대요. 자, 그럼 본본 아저씨와 함께 우리 건축의 세계로 떠나 볼까요?

# 01
## 집의 얼굴, 지붕

갑자기 전통 건축 취재를 맡게 된 본본 아저씨는 고민에 빠졌어요. 옛날 집이 요즘 집과 많이 다르다는 건 알겠는데, 어떻게 다른 건지는 잘 알 수가 없었지요. 그래서 아저씨는 전통 건축에 대한 책을 많이 쓴 교수님을 찾아가기로 했어요.

평생 건축만 공부를 했다는 석석 교수님은 처음 보는 아저씨를 친절하게 맞아 주었어요. 석석 교수님 집 안 곳곳에는 엄청나게 많은 책들이 꽂혀 있었어요.

'이게 집이야, 도서관이야? 정말 책 읽고 공부만 하는 교수님인가 봐.'

본본 아저씨는 집을 둘러보며 생각했어요. 이렇게 책이 많은 집은 처음 봤거든요. 아저씨는 일단 생각나는 대로 물어보기로 했어요.

"교수님, 건축이란 게 집이잖아요. 그런데 요즘 집하고 옛날 집하고 어떻게 다른 건가요?"

석석 교수님은 말없이 일어나더니 여러 가지 옛집 사진을 가져왔어요.

"본본 씨, 옛날 집하고 요즘 우리가 사는 집하고 어디가 가장 다르게 보여요?"

본본 아저씨는 사진을 들여다보며 생각해 봤어요. 어느 한 곳이 아니라 몽땅 다

르게 보였어요.

"음…… 한옥은 지붕이 가장 먼저 보이는 것 같아요. 그리고 기둥도……."

"맞아요. 잘 알고 있네요!"

"네? 제가요?"

석석 교수님의 말에 아저씨는 기분이 좋아졌어요.

'그런데 뭘 잘 알고 있다는 거지?'

"집이 어떻게 생겼는지는 지붕에 달렸어요. 지붕은 집의 얼굴 같은 것이랍니다."

교수님은 나라마다 집 생김새가 다르고 집이 주는 느낌이 다른 것은 바로 지붕이 다르게 생겼기 때문이라고 설명해 주었어요.

'그러니까 우리 건축을 잘 알려면 지붕부터 알아야겠구나.'

석석 교수님 설명을 들은 본본 아저씨는 먼저 지붕에 대해 취재를 시작했어요. 지붕에 대해 온갖 정보를 모은 아저씨는 얼마 안 가 지붕 박사가 되었지요.

우리 주변 집들이 서로 달라 보이는 건 왜 그럴까? 지붕이 서로 다르게 생겨서야. 정말 그런지 한번 볼까? 너희가 알고 있는 집 이름을 말해 봐. 기와집, 초가집, 뾰족집, 납작집……. 이름이 모두 지붕과 관련 있지? 기와로 지붕을 만들면 기와집, 풀로 지붕을 만들면 초가집, 지붕이 뾰족하면 뾰족집이 되는 거야. 그만큼 지붕이 집에서 중요한 부분이지.

초가집은 농사짓는 사람들이 살기 좋은 집이야.

기와지붕은 여러 가지 모양으로 멋을 낼 수 있어.

　　우리 옛집 한옥에서도 지붕은 아주 중요해. 한옥은 크게 두 가지로 나뉘는데, 기와집과 초가집이야. 보통 기와집이 초가집보다는 더 좋은 집이라고 여겨. 기와지붕이 초가지붕보다 더 튼튼하거든. 또 기와지붕은 여러 가지 모양으로 멋을 낼 수도 있지. 초가집은 지붕을 이루고 있는 풀이 썩으면 새로 만들어 바꿔 줘야 하지만 기와집은 그러지 않아도 돼.

　　그렇다고 초가지붕이 꼭 나쁜 것만은 아니야. 초가집은 농사짓는 사람들이 살기에 좋은 집이었어. 가을에 쌀을 거두고 난 다음에 생기는 볏짚으로 지붕을 만드니까 큰돈이 들지 않고, 그 위에 박 같은 식물을 키울 수도 있어 쓸모가 많았지.

　　우리나라에서 제일 좋은 기와집은 무엇일까? 바로 임금님이 살던 궁궐이야. 그러면 우리나라 궁궐 중에서도 가장 크고 넓은 경복궁으로 가서 기와집을 구경해 보자.

이 건물(사진①)은 경복궁 한가운데 있는 '근정전'이야. 경복궁에서도 가장 중심에 있으니까 가장 중요한 건물이겠지? 맞아, 근정전은 임금님이 중요한 행사를 하는 건물이었어. 외국에서 손님이 오면 여기서 맞이하고, 또 신하들이 모두 모일 일이 있으면 여기서 모였어.

근정전 지붕을 한번 봐. 경복궁 안의 다른 건물들도 대부분 저런 지붕을 지녔어. 그러니까 가장 흔한 지붕이라고 할 수 있지. 저렇게 생긴 지붕을 '팔작지붕'이라고 해.

그런데 실은 팔작지붕이 한옥의 여러 지붕 가운데서 가장 나중에 나온 지붕이야. 가장 아름답고 화려해서 궁궐이나 학교처럼 중요한 집, 멋있게 꾸며야 하는 집에 많이 썼어. 옛날에는 모든 게 계급이 있었는데, 지붕에서 가장 계급이 높은 것이 바로 팔작지붕이라고 할 수 있지.

그러면 팔작지붕보다 먼저 나온 다른 지붕들을 구경해 보자.

봉정사 극락전(사진②)은 지금 남아 있는 우리나라 전통 건축물 가운데 가장 오래된 거야. 약 900년 전 고려 시대에 지은 건물로, 국보 15호로

지정되어 있어. 지붕을 봐. 기와지붕은 기와지붕인데, 가장자리 생긴 게 조금 다르지? 꼭 책을 덮어 놓은 것 같아. 저런 지붕을 '맞배지붕'이라고 해. 가장 먼저 생긴 지붕이지. 모양이 간단하고 만들기도 쉬워서, 다른 지붕이 나오고 나서도 사라지지 않고 계속 만들어졌어. 조선 시대에도 저 지붕으로 만든 건물들이 많은데, 특히 제사 지내는 건물인 사당은 맞배지붕을 많이 썼단다.

또 많이 짓는 지붕이 하나 더 있어. 다시 경복궁으로 돌아가 보자. 경복궁의 정문이 뭔지 아니? 바로 광화문(사진③)이야. 광화문의 지붕은 '우진각지붕'이야. 이 지붕은 살림집에 가장 많이 썼는데, 궁궐 대문인 광화문처럼 중요한 문에도 가끔 썼어. 초가집의 지붕도 자세히 보면 우진각지붕이야.

우리나라 전통 건축물에는 맞배지붕, 팔작지붕, 우진각지붕 이 세 가지가 가장 많아. 그런데 드물지만 다른 지붕도 있단다. 경복궁에 있는 작고 귀여운 이 집(사진④) 한번 볼래?

이 집은 경복궁 후원에 있는 '향원정'이라는 정자야. 지붕이 꼭 우산같이 생겼지? 맨 꼭대기 뾰족한 곳으로 지붕이 모이는 모양이야. 그래서 '모임지붕'이라고 해. 건물이 네모난 건물이면 모가 네 개인 사각뿔 모양이어

016

서 사모지붕이라고 하고, 팔각형 건물이면 팔모지붕이라고 하지. 그럼 향원정의 지붕 이름은? 육각형 건물이니까 육모지붕이야.

그런데, 기와지붕은 어떻게 만드는 걸까? 먼저 나무로 지붕 뼈대를 만든 다음 나무 판을 깔아. 그리고 그 위에 흙을 두껍게 바르고 기와를 잇는 거야.

초가지붕 만드는 것도 비슷해. 지붕을 놓을 자리에 먼저 흙을 깔아 주는데, 이 흙을 '보토'라고 해. 그리고 풀을 썰어 넣어 고르게 반죽한 진흙을 올려. 그 위에 다시 볏짚을 엮어서 이어 주는 거지.

기와지붕 만드는 순서

❶ 먼저 뼈대를 만들고,
❷ 나무 판을 깐 다음,
❸ 흙을 바른 뒤,
❹ 기와를 얹으면 완성!

 기와는 아주 오래전부터 만들었어. 우리 조상들은 기와를 아주 좋아했단다. 집을 멋내기 위해 얼마나 다양한 기와를 만들었는지 몰라. 그래서 우리나라 문화재 중에는 옛날 기와들이 많이 있단다. 박물관에 가면 그림을 그려서 꾸민 기와나 벽돌을 꼭 찾아봐. 기와에 그려진 여러 가지 무늬는 우리나라를 대표하는 무늬가 되어 오늘날에도 많이 쓰이고 있지.
 우리나라 집 모양을 가만히 보면, 아래쪽보다 지붕이 훨씬 커. 이건 그냥 멋

있게 지으려고 한 게 아니라, 우리나라 기후에 가장 알맞게 만든 거란다. 우리나라 날씨는 여름에는 덥고, 겨울에는 춥잖아. 한옥의 큰 지붕은 여름에는 시원하게 그늘을 만들어 주고, 겨울에는 눈과 바람을 막아 집안을 따뜻하게 품어 주는 역할을 하지. 초가지붕이든 기와지붕이든 마찬가지야.

　이렇게 우리 조상들은 날씨와 지붕의 기능을 열심히 연구해서 한옥을 만들었어. 사람들이 살기 편하게 해 주면서도, 집을 아름답게 만들어 주는 것이 바로 지붕이지. 지붕이 왜 중요한지 이제 알겠지?

 궁금하니?

## 궁궐 지붕에 앉아 있는 손오공

지붕 위에 사람 같기도 하고 동물 같기도 한 것들이 줄지어 있는 걸 본 적 있지요? 바로 '잡상'이에요.

잡상이 있어 더욱 멋스러워 보이는 궁궐의 지붕

잡상은 '서유기'라는 옛날이야기에 나오는 주인공들과 비슷하게 생겼어요. 서유기는 원숭이 대장 손오공이 저팔계, 사오정과 함께 스님 삼장법사를 모시고 중국에서 인도로 여행을 가는 이야기예요. 잡상 맨 앞에 있는 사람이 삼장법사, 그리고 그 뒤로 손오공과 저팔계, 사오정처럼 보이는 조각상들이 순서대로 있어요. 그 뒤에는 용, 봉황, 기린, 물고기, 해치 등의 동물이 뒤따르지요. 동물의 종류나 순서는 궁궐마다, 지붕마다 조금씩 달라요.

잡상은 성이나 궁궐의 큰 건축물에만 있어요. 밋밋한 기와지붕에 멋을 주고 추녀마루를 돋보이게 하지요. 멀리서도 보이는 잡상은 호기심을 불러일으켜요.

잡상으로 장식한 추녀마루

중국의 잡상

옛날 사람들이 왜 잡상을 만들었는지는 정확하게 알려지지 않았어요. 하늘에 떠도는 귀신들을 물리쳐, 건물에 불이 난다거나 하는 나쁜 일을 피하기 위해 만든 것 같아요.

참, 잡상이 우리나라 지붕에만 있는 건 아니에요. 중국 쯔진청(자금성) 지붕에 있는 잡상에서는 삼장법사를 더 뚜렷하게 볼 수 있답니다.

## 다른 나라 지붕은 어떻게 생겼을까?

지붕만 봐도 어느 나라 집인지 알 수 있을 정도로 나라마다 그 모양이 달라요. 지붕 모양이 제각각인 것은 우선 나라마다 날씨가 다르기 때문이에요. 더운 나라에선 시원하게 지붕을 만들고, 추운 나라에선 따듯하게 만드는 거죠. 또, 집을 짓는 재료가 다르기 때문이에요. 우리나라처럼 나무가 많고 기와를 굽기 좋은 흙이 많은 나라는 나무와 흙을 이용해서 지붕을 만들어요.

그런데 재료가 비슷하고 날씨가 비슷해도 지붕 모양이 다른 경우도 많아요. 저마다 좋아하는 모양으로 만드니까요. 우리와 환경이 비슷한 이웃 나라 중국과 일본의 집들을 보면 우리나라 지붕과는 많이 다르다는 걸 알 수 있어요.

자, 한번 비교해 볼까요?

한국의 지붕은 대개 완만한 곡선으로 휘어져 있어요. 지붕을 곡선으로 만들면 가볍고 날렵하게 보이거든요. 또 부드럽게 휘어진 기와지붕은 빗물이 고이지 않고 빨리 아래로 흘러내리게 하지요.

곡선의 멋이 살아 있는 한국의 지붕

뾰족하게 휘어진 중국의 지붕

반듯하게 만든 일본의 지붕

중국의 지붕을 한번 보세요. 우리나라보다 훨씬 더 뾰족하게 휘어져 있는 지붕이 많아요. 중국 사람들은 화려한 걸 좋아하거든요.

일본의 지붕은 우리나라에 비해 반듯하게 짓는 경우가 많아요. 초가집만 보아도 우리나라 초가집과는 분위기가 많이 달라요. 지붕이 훨씬 크고 높지요. 이런 일본의 초가집을 '민카'라고 불러요. 다른 나라 지붕들을 좀 더 볼까요?

일본의 초가집 민카

러시아에서 가장 예쁜 성당으로 손꼽히는 성 바실리 성당은 지붕이 꼭 양파처럼 생겼어요. 이런 양파 모양 지붕은 러시아의 대표적인 건축 양식 이기도 해요. 그래서 사람들은 지붕 모양만 봐도 러시아 성당인 줄 알 수 있지요.

러시아의 성 바실리 성당

타이의 집들은 지붕이 아주 커서 집 전체가 지붕처럼 보여요. 특히 궁궐이나 사원의 지붕은 더 크고 화려하지요.

인도네시아에 사는 술라웨시 사람들은 지붕이 높이 치솟은 집을 지어요. 이런 집을 '통코난'이라고 부르는데, 지붕이 아주 멋있는 집이죠.

지붕이 크고 호화한 타이의 사원

인도네시아 전통 집, 통코난

본본 아저씨의 인터뷰 ❶

# "건축이 좋아서 평생 공부해요"
### 걸어다니는 건축 사전 임석재 교수의 못 말리는 책 사랑

건축학자는 건축을 연구하고 가르치며, 사람들이 건축에 대해 잘 알 수 있도록 소개하는 데 평생을 바친다. 이화여자대학교 임석재 교수는 건축에 대해서라면 모르는 게 없는 '걸어다니는 건축 사전'이다. 특히 임석재 교수는 우리 전통 건축의 아름다움에 대해 깊이 연구하여 많은 책을 썼다.

연구실로 쓰고 있는 아파트에서 임석재 교수(이하 석석)를 만나 건축에 대한 이야기를 나누어 보았다. 아파트는 방과 복도, 거실 할 것 없이 건축 책과 자료로 가득 차 있어 마치 도서관 같았다.

**본본**: 우와! 책이 정말 많네요. 모두 몇 권이나 되나요?

**석석**: 글쎄요, 1만 권쯤 될까요? 집에 책을 둘 공간이 부족해서 이 집을 구했으니까요.

**본본**: 건축학자는 책을 많이 봐야 하나 봐요.

**석석**: 어렸을 때부터 책 읽기를 좋아했어요. 건축을 공부하는 데 자료가 많이 필요하기 때문에 한 권 한 권 모으게 됐죠. 그러다 보니 이렇게 많아졌네요.

**본본**: 왜 그렇게 자료가 많이 필요한 거예요? 저는 평생 읽어도 다 못 읽겠어요.

**석석**: 건축은 종합적인 학문이에요. 집뿐만 아니라 역사와 철학도 알아야 하고, 경제와 공학기술도 알아야 하거든요. 그러니까 다양한 분야를 공부해야 해요.

**본본**: 책을 열심히 읽으면 건축학자가 될 수 있나요?

**석석**: 책이나 자료를 읽고 분석해서 자기 것으로 만드는 게 중요해요. 책만 읽어서도 안 돼요. 저는 시간이 날 때마다 국내외의 건축물을 찾아다니며 취재를 해요. 직접 찍은 사진은 책을 쓸 때 도움이 많이 돼요.

**본본**: 건축가나 건축학자가 되고 싶은 어린이들에게 한 말씀 해 주세요.

**석석**: 아름다운 집이나 건물을 찾아가 보고 느낀 점이나 궁금한 점을 정리해 보세요. 또 다양한 분야의 책을 읽으면서 생각하는 힘을 길러 보세요.

책으로 가득 찬 집

02
춤추는 기둥

본본 아저씨는 한옥의 지붕에 대해 첫 기사를 썼어요. 기사를 본 사람들은 한옥에 대해 몰랐던 사실을 잘 알게 되었다며 본본 아저씨를 칭찬했어요. 아저씨는 다음 기사를 쓰기 위해 궁리를 하다가 다시 석석 교수님을 찾아갔어요. 그리고 한옥에 대해 좀 더 가르쳐 달라고 졸랐지요. 그랬더니 교수님은 한옥을 짓는 사람들을 직접 만나 보는 게 좋을 것 같다며 이렇게 말했어요.

"본본 씨, 한옥에 대해 더 알고 싶으면 대목을 찾아가 보세요."

'대목? 대목이 뭐지?'

처음 듣는 말이었어요. 궁금해서 못 참겠다는 듯한 본본 아저씨의 표정을 보더니 석석 교수님이 친절하게 설명해 주었어요.

"아, 대목은 집을 짓는 목수예요. 한옥은 대부분 나무로 짓잖아요. 그렇기 때문에 나무를 잘 다루는 전문가가 필요해요. 집을 지을 때 지붕이나 기둥, 마루 같은 큰 뼈대를 만드는 목수를 '대목'이라고 하죠. 대목과 다른 일을 하는 소목도 있어요. 문제 하나 낼까요? 소목은 뭘 하는 사람일까요?"

"음, 대목이 큰 나무란 뜻이니까…… 소목은 작은 나무? 작은 나무를 다루는 목수인가요?"

"하하, 맞아요. 대목이 큰 나무를 다뤄서 집을 만드는 목수라면, 소목은 그보다 작은 문짝이나 가구 같은 것을 짜는 목수예요."

"와, 그렇구나. 목수들이 다 똑같은 일을 하는 줄 알았는데, 하는 일이 서로 다르네요."

교수님은 아저씨에게 평생 한옥을 지어 오신 영영 대목 선생님을 소개해 주었어요. 본본 아저씨는 곧장 영영 선생님을 찾아갔지요.

자초지종을 듣고 난 영영 선생님은 이렇게 말문을 열었어요.

"지붕에 대해 공부를 많이 했네요. 그럼 이제 기둥에 대해 설명해 줄게요. 건물에서 기둥은 굉장히 중요해요······."

영영 선생님은 설명을 시작했어요. 본본 아저씨는 열심히 받아 적었지요.

집에서 기둥은 너무너무 중요해. 특히 우리 옛집은 기둥이 있어야 집이 서 있을 수 있으니까. 그래서 옛날에 집을 지을 때는, 기둥을 처음 세우는 날에 음식을 차려 놓고 기념행사를 했어. 이 행사를 '입주식'이라고 해. '기둥을 세운다'는 뜻이지.

우리 조상들은 아주 꼼꼼하고 까다롭게 기둥을 만들었어. 기둥을 세울 때는 반드시 기둥이 된 나무가 원래 산속에서 자라던 방향대로 세웠어. 나무의 나이테를 보면 원래 나무의 방향을 알 수 있지. 나이테 사이가 넓은 쪽이 남쪽이고, 좁은 쪽이 북쪽이야. 이렇게 제 방향으로 세워야 나중에 나무가 뒤

틀어지지 않거든.

 그리고 기둥의 위아래도 원래 나무의 뿌리가 아래쪽으로 가게 세웠어. 나무를 거꾸로 세우면 집에 나쁜 일이 생길 수 있다고 생각했기 때문이야. 집은 사람이 사는 곳이니 안전이 가장 중요하잖아. 그래서 혹시라도 꺼림칙한 것은 모두 피했던 거야. 어느 쪽이 뿌리인지는 나무에 있는 옹이를 보고 찾으면 돼. 옹이의 나이테가 넓은 쪽이 뿌리 쪽이거든.

 겉보기는 비슷비슷해도 기둥은 여러 가지가 있어. 동그란 모양이면 원기둥, 사각 모양이면 사모기둥, 육각 모양이면 육모기둥, 팔각 모양이면 팔모기둥이라고 해. 집을 지을 때는 원기둥과 사모기둥을 많이 쓰지.

 그런데 기둥에도 계급이 있어서, 원기둥이 다른 기둥보다 더 높단다. 궁궐처럼 중요한 건물에는 원기둥을 많이 썼어. 조선 시대에는 일반 백성들의 집을 지을 때 원기둥을 쓰지 못하게 했어. 그래도 원기둥을 좋아했던 사람들은 슬쩍 쓰기도 했지.

 기둥을 앞에서 쳐다보면 두께가 일정하지 않아. 대개 아래쪽을 약간 더 두껍게 만들지. 모양에 따라 '민흘림기둥'과 '배흘림기둥'으로 나뉜단다. 기둥머리보다 기둥뿌리가 굵게 만들어진

고려시대건물인 강릉객사문에서도 배흘림기둥을 볼 수 있어

배흘림기둥

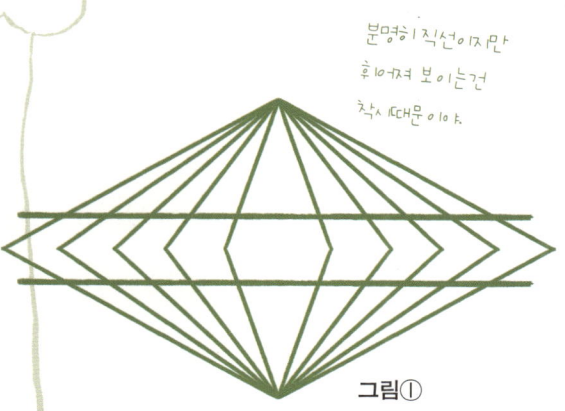

분명히 직선이지만 휘어져 보이는건 착시 때문이야.

그림①

민흘림기둥

기둥을 민흘림기둥, 둥그렇게 보일 정도로 가운데가 뚱뚱한 기둥을 배흘림기둥이라고 해.

그런데 왜 이렇게 가운데가 뚱뚱한 배흘림기둥을 만든 걸까? 그건 눈이 착각을 하기 때문이야. 사람의 눈은 가끔 원래하고 다르게 볼 때가 있는데, 이걸 '착시'라고 해.

위 그림(그림①)을 한번 볼래? 가로로 그은 두 개의 선을 보면 가운데 쪽으로 살짝 모아지는 것처럼 보여. 그런데 실제로는 두 선 모두 똑바로 그은 거야. 우리 눈이 착각한 거지.

기둥을 볼 때도 우리 눈은 착각을 해. 두께가 일정한데도 가운데가 가늘어 보이거든. 그러면 기둥이 금방 부러지지나 않을까 불안한 마음이 들잖아. 그걸 피하려고 기둥 가운데를 도톰하게 만든 것이 바로 배흘림기둥이지.

부석사에 있는 무량수전이란 건물은 우리나라의 대표적인 전통 건축물 가운데 하나야. 이 건물은 배흘림기둥으로 아주 유명하지. 배흘림이 더 확실한 건물은 강릉에 있는 객사문이야. 강릉객사문의 기둥은 우리나라에서 가장 도톰한 배흘림기둥이란다.

배흘림기둥은 우리나라뿐 아니라 서양에서도 많이 썼어. 서양에서는 이런 기둥 양식을 '엔타시스'라고 불러.

그런데 건물을 볼 때 생기는 착시 현상은 이것만이 아니야. 지붕이 너무 길면, 우리 눈에는 양쪽 가장자리가 아래로 처져 보이지. 그래서 우리 조상들은 지붕 양쪽을 약간 하늘로 향하게 만들었어. 이걸 '귀솟음'이라고 해.

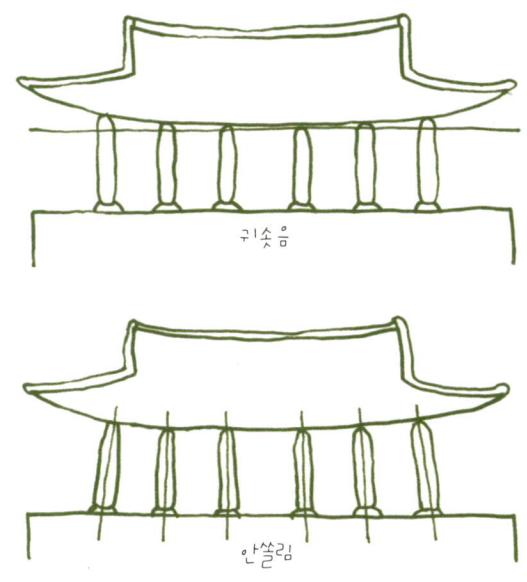

그리고 기둥을 세울 때도 똑바로 세우지 않고, 일부러 기둥 위쪽을 조금씩 건물 안쪽으로 향하게 세웠어. 이걸 '안쏠림'이라고 해. 이렇게 안쏠림을 하면 위보다 아래가 넓어서 더 안정감 있게 보이지. 옆의 두 그림을 보면 무슨 말인지 알 수 있을 거야.

집을 편안하고 멋있게 보이게 하기 위해 옛사람들이 얼마나 많은 궁리를 했는지 알겠지?

"이야기를 듣고 보니 옛날에도 집을 잘 지으려고 연구를 많이 했네요. 게다가 무척 과학적이에요."

영영 대목 선생님은 고개를 끄덕였어요. 선생님은 본본 아저씨한테 충청남도 서산에 있는 개심사란 절에 가 보라고 했어요.

"본본 씨, 개심사에 가면 여러 가지 재미있는 기둥을 볼 수 있을 거예요. 개심사 기둥은 춤을 춘답니다."

"네? 기둥이 춤을 춰요? 어떻게요?"

"가면 알게 될 겁니다."

대목 선생님은 빙긋 웃기만 했어요.

다음 날 본본 아저씨는 개심사가 있는 서산에 가기 위해 아침 일찍 버스를 탔어요. 버스 안에서 아저씨는 취재 수첩에 코를 박고 깜박 잠이 들었어요. 눈을 떠 보니 벌써 서산에 도착했지요.

개심사에 가려면 물이 졸졸 흐르는 계곡 위로 올라가야 했어요. 입구에는 개심사를 알리는 돌 표지판도 있었어요.

"열 개(開), 마음 심(心). 절 사(寺). 마음을 여는 절이란 뜻이구나."

숲길을 어느 정도 올라가니까 푸른 나무들이 비치는 연못이 나오고, 그 안쪽에 개심사가 있었어요. 아저씨는 연못 위로 놓인 외나무다리를 건너갔어요. 다리 위에서 보니

기둥

연못에 본본 아저씨의 얼굴이 비쳤어요. 절에 들어갈 때 연못에 마음을 씻고 경건한 마음으로 들어가라는 뜻이겠죠?

자, 이제 개심사에 도착했어요. 가장 먼저 만난 건물은 범종각이었어요. 절에는 범종이 꼭 있어요. 범종을 달아 놓는 건물이 범종각이에요.

'어디, 종 구경 좀 해 볼까?'

아저씨는 정자처럼 생긴 범종각으로 다가갔어요.

그런데, 자세히 보니 기둥이 이상합니다. 네 귀퉁이 기둥 모두 쭉쭉 곧게 뻗은 것이 아니라 꼬불꼬불 부드럽게 휘어져 있어요! 자세히 보니 나무를 똑바로 다듬어서 쓰지 않고 원래 나무 모양 그대로 기둥을 만든 거예요. 대목 선생님 말씀대로 기둥이 마치 춤을 추는 것처럼 보였어요.

"정말이네! 기둥이 춤을 추고 있어."

본본 아저씨는 신기한 듯 바라보았어요.

범종각을 지나 개심사 안마당으로 들어갈 차례예요. 들어가는 문 기둥도 원래 나무 모양 그대로 세운 것이었어요.

"나무들이 그대로 절 안으로 들어왔잖아? 나무와 건물이 마치 하나가 된 것 같아."

개심사는 작고 아담했어요. 마당 가운데에는 대웅전이 있는데, 이 건물은 우리나라 보물로 지정된 중요한 건물이에요. 그리고 그 왼쪽으로 '심검당'이라는 독특한 건물이 보였어요.

심검당은 스님들이 사는 집이에요. 단청도 하지 않아서 오래된 나무 색깔 그대로였

심검당

개심사의 춤추는 기둥

어요. 그런데 이 건물도 어딘가 이상했어요. 범종각처럼, 기둥이 나무 본래 모습대로 마구 휘어져 있었어요.

  개심사는 불국사나 해인사처럼 유명한 절은 아니에요. 하지만 건축을 공부하는 사람들은 기둥만 보기 위해서라도 개심사를 찾아간다고 해요. 본본 아저씨는 시간 가는 줄 모르고 구석구석 돌아다니며 기둥을 구경했어요. 보면 볼수록 정감이 느껴졌지요. 아저씨는 개심사가 마음에 들었어요. 크기는 작아도 예쁘고 아늑해서 마음이 저절로 편안해지는 절이었지요.

 궁금하니?

### 조금 휘었으면 어때?

나무를 가공하지 않고 본래 모양 그대로 쓰는 기둥을 '도랑주'라고 해요. 귀여운 이름이죠? 나무 껍질만 벗기고 모양은 거의 손보지 않은 채 기둥으로 쓰는 거예요. 도랑주는 우리 전통 건축에서 아주 널리 쓰는 기법이에요.

화엄사 구층암의 모과나무 도랑주

도랑주는 조선 후기에 유행했어요. 조선 후기에는 사람 손으로 꾸민 것보다 자연스러운 멋을 더 높이 쳤거든요. 경제적인 이유도 있어요. 기둥으로 쓸 목재가 그리 넉넉하지 않았기 때문에 조금 휜 나무도 가리지 않고 썼던 거지요.

개심사의 심검당과 범종각도 유명하지만, 도랑주로 더 유명한 건물이 있어요. 지리산 화엄사에 있는 구층암이에요. 위 사진을 한번 보세요. 어때요? 아예 나무가 그대로 집으로 변신한 것 같지요? 다른 나라 건축에서 이런 멋은 찾기 어려워요. 이렇게 자연미를 살리는 것이 우리 건축의 중요한 특징이랍니다.

### 주춧돌에도 자연스러운 멋이 있어요

기둥은 어디에 세울까요? 처음에는 그냥 땅에 나무 기둥을 꽂아서 세웠어요. 그런데 땅속의 습기 때문에 기둥이 잘 썩었어요. 그래서 돌을 놓고 그 위에 기둥을 세우기 시작했어요. 이렇게 기둥을 세우는 받침돌을 주춧돌이라고 해요. 한자로는 '초석(礎石)'이라고 하죠. 어떤 것의 바탕이 되거나, 가장 중요한 기본이 되는 것을 주춧돌이라고 부르는 것은 그 때문이에요. 주춧돌이 튼튼해야 집이 제대로 서 있을 수 있으니까요.

돌을 다듬어서 모양을 낸 주춧돌이 있는가 하면, 다듬지 않고 원래 돌 모양을 그대로 쓰는 주춧돌이 있어요. 모양을 다듬어 만든 기둥과, 나무 모양을 그대로 살려 만든 도랑주가 있듯이 말이에요.

다듬어 만든 주춧돌

덤벙주초

궁궐처럼 공식적인 건물이나 멋을 내는 건물을 지을 때는 주춧돌도 동그랗게 만들거나 네모꼴로 다듬어 멋을 냈어요. 하지만 일반 살림집들은 돌을 가져다 그대로 주춧돌로 썼어요. 이런 자연스러운 주춧돌을 부르는 말이 따로 있어요. '덤벙주초'라고 해요. 그런데 잘 다듬은 주춧돌보다 안 다듬은 덤벙주초가 오히려 더 멋있는 경우가 많아요. 자연스러우니까요. 우리 조상들이 자연스러운 멋을 좋아한 것은 주춧돌만 봐도 알 수 있지요.

덤벙주초는 다루기가 어려워요. 돌을 가져다 생긴 모양대로 쓰는데 뭐가 어렵냐고요? 위를 평평하게 다듬은 주춧돌은, 그 위에 나무를 잘라서 그대로 올리기만 하면 돼요. 하지만 덤벙주초 위에 나무를 올리려면 울퉁불퉁한 돌 모양에 맞게 나무 바닥을 다듬어야 하니까요.

이렇게 주춧돌의 모양에 맞게 나무를 다듬는 걸 '그렝이질'이라고 해요. 능숙한 기술이 필요하기 때문에 그렝이질을 하는 사람이 따로 있을 정도예요. 돌 모양대로 나무를 파낼 선을 그어 주지요. 이렇게 그렝이질을 해서 나무를 올리면 기둥과 주춧돌이 꼭 맞아, 기둥이 안전하게 서 있을 수 있어요.

옛사람들은 아무 돌이나 가져다 주춧돌로 쓰지 않았어요. 산에 있는 돌만 주춧돌로 쓰고, 강가에 있는 돌은 주춧돌로 쓰지 않았어요. 왜 그랬을까요? 강돌은 매끈매끈해서 기둥을 올리기 좋지 않아요. 그리고 강돌은 강의 찬 기운인 음기가 서려서 쓰지 않았다고 해요.

### 서양의 기둥 삼총사

기둥은 집을 세워 주면서 집 모양을 멋있게 만드는 역할도 해요. 우리나라 건축에서 기둥이 중요한 것처럼, 서양 건축에서도 기둥이 아주 중요해요.

서양 건축에서 가장 오래되고 중요한 건축은 고대 그리스 건축이에요. 서양 여러 나라들은 고대 그리스의 건축물을 본떠 집을 지었어요. 그런데 이 고대 그리스 건축에서도 기둥을 중요하게 다뤘답니다.

도리아, 이오니아, 코린트 이 세 가지 기둥 모양은 그리스에서 시작됐지만 나중에는 서양 전체에서 썼어요. 그래서 서양 건축을 배울 때는 이 세 가지 기둥부터 배워요. 그리고 이런 기둥은 지금도 많이 써요. 요즘 짓는 콘크리트 건물은 돌기둥을 만들 필요가 없지만, 멋을 내기 위해 이런 기둥을 만들어 세우기도 해요.

우리나라에서도 이런 기둥들을 가끔 볼 수 있어요. 서양 건물처럼 꾸미려면 기둥을 넣는 게 가장 확실하거든요. 길을 가다 서양식 기둥을 만나면 도리아식인지, 이오니아식인지 한번 알아맞혀 보세요.

도리아　　이오니아　　코린트

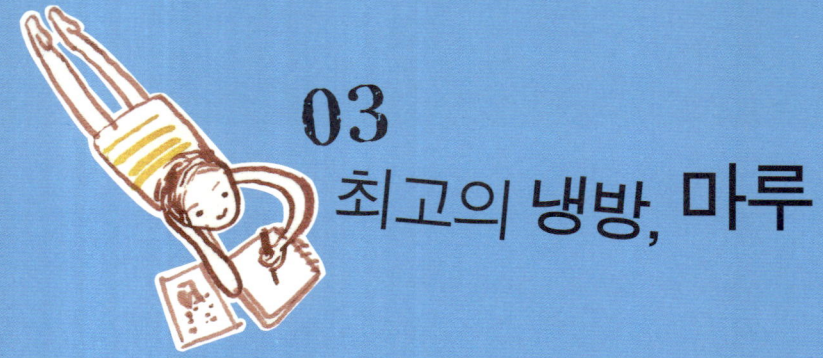

## 03
### 최고의 냉방, 마루

지붕과 기둥에 대해 기사를 쓴 본본 아저씨는 그 다음은 어떤 기사를 쓸까 고민했어요. 지붕과 기둥처럼 전통 건축이 얼마나 과학적이고 아름다운지 알려 주는 것이 또 뭐가 있을까, 곰곰이 생각해 봤지만 도저히 떠오르지 않았죠. 그래서 이번에는 건축가 원원 선생님을 찾아갔어요. 원원 선생님은 50년 가까이 건축가로 일해 왔대요. 우리 건축의 아름다움에 대해서 사람들에게 널리 알린 분이기도 해요.

"선생님, 세계 여러 나라 집들을 보니 서로 다른 것 같기도 하고 비슷한 것 같기도 해요. 혹시 다른 나라 건축에는 없고 우리나라 건축에만 있는 것이 있나요?"

"네, 있어요. 바로 온돌이에요. 온돌하고 마루가 함께 있는 게 바로 우리 한옥의 특징이랍니다."

"온돌하고 마루요? 그럼 다른 나라에는 온돌과 마루가 없단 말이에요?"

"온돌은 우리나라에만 있어요. 그리고 온돌과 마루가 이렇게 중요한 집은 우리나라 집밖에 없어요."

원원 선생님은 본본 아저씨를 데리고 창덕궁으로 갔어요. 창덕궁 안에는 왕후와 후궁들이 머물던 '낙선재'라는 건물이 있어요. 궁궐치고는 소박한 생김새의 기와집이었지요. 원원 선생님은 누마루를 가리키며 앞장섰어요. 두 사람은 누마루에 올라가 앉았어요. 밖은 바람 한 점 없는 더운 날씨였는데, 마루에 앉자 신기하게도 시원한 바람이 불기 시작했어요.

"와, 꼭 에어컨을 틀어 놓은 것 같아요. 바람이 어디서 나오는 거죠?"

"엉덩이가 시원하죠? 한옥 마루는 찬 공기가 아래서 올라올 수 있도록 만들었어요.

창덕궁 낙선재

게다가 누마루는 사방이 뚫려 있어 바람이 더 잘 드나들지요."

원원 선생님은 대청마루, 툇마루, 들마루 등 여러 가지 마루에 대해 설명하기 시작했어요. 본본 아저씨는 고개를 끄덕이며 열심히 받아 적었지요. 한옥에서는 에어컨 부럽지 않은 시원한 여름을 보낼 수 있다는 걸 아저씨는 처음 알았어요. 바로 마루 덕분에 말이에요.

마루는 시원하게 뚫려 있는 공간이야. 땅 위에 바로 짓지 않고 조금 띄워서 만들지. 사실 마루는 덥고 습기가 많은 남쪽 지방에 알맞은 공간이란다. 추운 북쪽 지방에는 마루가 작거나 아예 없는 집들도 많아.

반면 온돌은 추운 북쪽 지방에서 발달한 난방 방법이야. 대개 한옥에는 북쪽 지방의 온돌과 남쪽 지방의 마루가 함께 있지. 바로 날씨 때문이야. 우리나라는 사계절이 뚜렷해서, 여름에는 습하고 덥지만 겨울에는 매섭게 추워. 그래서 여름에는 시원하고 겨울에는 따듯한 집을 만들어야 해. 남쪽 지방의 집과 북쪽 지방의 집의 좋은 점만 골라서 합친 게 바로 한옥이야.

장마루

우물마루

마루는 바닥 나무판의 모양에 따라 이름을 붙여. 가늘고 긴 나무판으로 만든 마루는 '장마루'라고 해. 나무를 가로 세로로 짜 넣는 마루는 '우물마루'라고 하지. 우물마루는 우리나라 고유의 마루야. 여름에는 덥고 겨울에 추워 나무가 뒤틀리기 쉬운 우리나라 날씨에 딱 알맞거든. 게다가 우물마루는 짧은 조각 나무도 버리지 않고 활용해서 만들 수 있단다.

한옥에는 여러 종류의 마루가 있어. 크기도 다르

고, 집 안에서 쓰는 용도도 각각 달라.

먼저 집에서 가장 중요한 공간인 대청이 있어. 대청은 '넓은 마루'란 뜻이지. 집 안 한가운데 자리 잡은 대청은 집에서 가장 넓은 장소이기도 해.

그런데 왜 이렇게 넓은 마루를 두었을까? 차라리 방을 넓게 만들면 더 편했을 텐데 말이야. 그건 집안의 중요한 행사를 치를 곳이 필요했기 때문이야. 조선은 유교 국가였어. 유교에서 가장 중요한 것이 조상님께 드리는 제사거든. 일가친척이 모두 모여서 제사를 지내야 하니까 넓은 마루가 필요했던 거지. 중요한 행사를 하는 곳이니 당연히 집에서 가장 중심이 되는 곳에 만든 것이고.

툇마루

쪽마루

　다른 마루들은 대청마루처럼 넓지 않아. 먼저 '툇마루'는 방을 드나들 때 거치게 되는 좁은 마루야. 한옥에 가면 꼭 이 툇마루에 앉아 봐. 꼭 앉기 좋은 높이로 만들었기 때문에, 편하게 앉아서 한숨 돌리기에 딱 좋은 곳이니까. '쪽마루'도 있어. 툇마루하고 비슷한데, 더 좁고 작은 마루야.
　양반 집에만 있는 아주 멋있는 마루가 있는데, 바로 '누마루'야. 누마루는 집의 바닥보다 높게 지은 마루야. 집 안에 정자를 둔 것처럼 꾸민 마루지. 누마루는 대개 사랑채와 연결되게 짓는데, 손님들이 찾아오면 이 누마루에 앉아 경치도 구경하고, 시도 지으면서 풍류를 즐겼어.
　그런데 가난한 보통 백성들의 집은 어땠을까? 조그만 초가집에 넓은 마루를 만들 수는 없었겠지? 그래서 이동용 마루인 '들마루'를 만들었어. 집이 좁으니까 여기 저기 옮길 수 있게 만든 거야. 들마루를 마당에 깔아 놓고 그 위에서 수박도 먹고 바람도 쐬며 쉬었지. 지금도 많이 볼 수 있는 평상이 바로 이 들마루야.
　그런데 마루를 만든 이유가 제사를 지내기 위해서만은 아니야. 마루 속에는 우리 조상들의 과학이 숨어 있어.

　우리나라는 열대 지방은 아니지만 여름에 무척 더워. 그런데 옛날에는 에어컨도 선풍기도 없었으니 얼마나 더웠겠어? 조상들은 어떻게 하면 여름을 시원하게 보낼 수 있을까 갖은 궁리를 다 했어. 그러다가 바람이 저절로 집 안으로 지나가게 만들었지. 그게 바로 마루야. 마루 덕분에 집이 통째로 선풍기가 되는 거야.

　바람을 만들어 내려면 바람의 성질을 알아야 돼. 바람은 공기가 움직이는

들마루

건데, 공기는 늘 찬 곳에서 더운 곳으로 움직인단다. 이 원리를 이용해서 바람을 만들면 돼.

옛날 우리나라 집들은 대부분 뒤에 산을 두고 지었어. 여름에 산은 굉장히 시원해. 나무 그늘이 지고 높이가 높아 바람이 잘 불거든. 산 쪽의 시원한 공기가 집으로 들어와 지나가면 집 안에 바람이 잘 불게 돼. 이렇게 바람이 지나가는 길로 만들어 놓은 것이 바로 마루야.

그런데 마루를 그냥 뻥 뚫어 놓는다고 바람이 저절로 불어오는 게 아니란다. 바람이 산 쪽에서 내려와 마루를 지날 때 빨리 흐르게 만들어야 더 시원해질 수 있어. 그래서 마루 뒤쪽에는 벽을 만들고 창문을 달았어. 산에서 불어온 바람이 마루를 지날 때, 창문을 통과하면서 갑자기 바람길이 좁아져 속도가 빨라지게 한 거지. 바람이 잘 불지 않는 날에도 이렇게 공기 흐름이 빨라지게 만들면 바람이 부는 효과가 있단다.

그리고 마루는 일부러 땅보다 높게 만들어서 아래를 비워 놓았어. 그러면 마루 아래가 시원해지고, 이 시원한 공기가 따뜻한 쪽인 마루 위로 올라오게 돼. 아래에서 시원한 공기가 나오니 마룻바닥은 자연히 차가워지지. 뒤에서 불어 오는 산바람과 아래에서 올라오는 시원한 바람이 합쳐지는 거야. 그래서 옛날에는, 무더위가 찾아와도 집 안에 들어와 마루에 앉아 있으면 그리 덥지 않았단다.

### 집안 곳곳에 신들이 살아요

대청마루는 신성한 곳이에요. 성주신이 사는 곳이니까요. 성주신은 집안 건물들을 지켜 주는 신이에요. 우리 조상들은 성주신을 잘 모셔야 집안에 좋은 일들이 가득해진다고 생각했지요. 그런데 성주신은 사람들이 직접 모셔 와야 하는 신이에요. 그래서 이사를 가거나 새로 집을 지을 때는 성주신을 모셔 오는 성주풀이굿을 했습니다.

성주신을 모시는 곳이 바로 대청마루 위에 있는 대들보예요. 쌀을 담은 항아리나 무명실을 감은 한지를 성주신이라고 여기며 대들보 위에 모셔 두었죠.

한옥에는 여러 신들이 살아요. 부뚜막은 불을 때서 밥과 음식을 짓는 곳인데, 여기에 조왕신이 살아요. 부뚜막에 사는 조왕신은 아이들을 돌봐 주는 신으로, 부엌신이라고도 해요. 부뚜막에 조왕신이 있으니까 부뚜막 위에 앉아서 놀면 안 돼요.

방 안에서 가장 따뜻한 아랫목에는 삼신이 살아요. 아랫목은 아궁이에서 가장 가까운 곳이지요. 보통 삼신할머니라고 부르는 이 신은 부부에게 아기를 점지해 주는 신이에요.

장독대에도 신이 있답니다. 장독대는 중요한 음식을 저장하는 곳이니까 요즘으로 치면 냉장고 같은 곳이지요. 장독대에 사는 신은 터주신이에요. 터줏대감이란 말 들어 봤죠? 터주신이 바로 터줏대감이에요. 이름처럼 집터를 지키며 불행을 막아 주는 신이지요.

그럼 이 많은 여러 신들 중에 가장 높은 신은 누구일까요? 한옥에서 가장 중심이 되는 곳이 대청마루라고 했죠? 그러니까 마루에 있는 성주신이 가장 높은 대장 신이에요.

터주신이 살고 있는 장독대

047

개심사 해우소

### 옛날 화장실 요즘 화장실

옛날 집과 요즘 집을 비교할 때 가장 많이 다른 것이 화장실이에요. 옛날에는 화장실을 뒷간 또는 측간이라고 불렀어요. 어떤 곳에는 '해우소'란 푯말이 있는데, 해우소는 '근심을 푸는 곳'이란 뜻이에요. 그냥 '똥 누는 곳'이라고 하지 않고 근사한 이름을 붙이니까 운치가 있죠? 옛날 화장실은 요즘 찾아보기 힘들어요. 개심사 같은 오래된 절에 가면 가끔 볼 수 있지요.

요즘 우리가 사용하는 수세식 화장실은 똥이나 오줌을 누면 물이 내려와 쓱 쓸어 가요. 하지만 옛날 화장실에서는 구멍으로 똥을 누면 바닥으로 떨어졌어요. 휴지가 없었던 시절에는 나뭇잎이나 짚으로 닦았지요.

옛날에는 똥을 거름으로 쓰기 위해 꼭 모아 뒀어요. 특히 농부들은 밭일을 하다가도 꼭 자기 집 변소로 가서 똥을 누었어요. 그만큼 똥이 귀했어요.

구멍 아래로 똥이 모이면 그 위에 재를 뿌려요. 똥에 재를 뿌리면 냄새도 안 나고 더 좋은 거름이 돼요. 이렇게 만든 비료를 뿌리면 채소나 과일이 쑥쑥 잘 자라지요. 요즘에도 똥이나 오줌, 나뭇잎, 볏짚 등의 자연 재료로 천연 거름을 만드는 농부들이 있어요. 천연 거름으로 키운 농작물은 화학 비료로 키운 것보다 더 맛있고 몸에도 좋지요.

요즘 어린이들은 옛날 화장실에서 똥을 누기가 쉽지 않을 거예요. 쪼그려 앉는 것도 익숙치 않고, 냄새도 심하니까요. 그리고 지저분하게 느껴지기도 하고요. 그렇지만 옛날 화장실은 요즘 수세식 화장실보다 자연 환경에 훨씬 좋답니다.

똥은 흙과 함께 썩으면 좋은 거름이 되지만 물과 함께 떠내려가면 자연을 오염시켜요. 옛날 화장실은 똥을 모아 땅에 뿌려서, 똥이 다시 자연으로 돌아가게 해 줘요. 깨끗하게 물로 똥을 쓸어 가는 현대식 변기는 물을 너무 많이 쓰고, 또 물을 더럽히는 문제도 있지요.

참, 그런데 임금님이 사는 궁궐에는 어떤 화장실이 있었을까요?

임금님은 '매화틀'이라는 전용 변기에다 볼일을 봤어요. 하늘같이 높고 귀한 임금님의 똥을 그냥 '똥'으로 부를 수 없어 '매화'라고 불렀지요. 그리고 임금님 건강이 안 좋으면 궁궐 의사가 매화틀에 눈 똥을 보고 임금님의 몸 상태를 살폈답니다.

임금님의 변기, 매화틀

# 04
## 최고의 난방, 온돌

마루에 대한 기사를 쓰고 난 본본 아저씨는 이번엔 온돌을 취재하러 나섰어요. 한옥에서 가장 중요한 것이 마루와 온돌이라니까 빼놓을 수 없죠. 본본 아저씨는 어디를 찾아가면 좋을지 고민했어요.

"아, 좋은 생각이 났다! 당장 창녕으로 가야겠어."

본본 아저씨는 평생 한옥에서 살아온 친척 할아버지를 떠올렸어요. 할아버지는 경상남도 창녕에 살고 있었어요. 아저씨는 할아버지에게 전화를 해서 온돌방에서 하루 자고 가겠다고 말씀드렸지요. 그리고 아저씨는 곧바로 기차를 타고 시골로 내려갔어요.

기차 안에서 아저씨는 온돌에 대해 생각해 봤어요. 어린 시절 시골에 가서 여러 번 온돌을 구경했지만 자세히 들여다본 적은 한번도 없었어요.

"방바닥 아래 나무를 넣고 그냥 태우면 되는 거 아냐?"

아무리 생각해도 전 세계에서 왜 우리나라에만 온돌이 있는 건지, 뭐가 중요하다는 건지 이해가 되지 않았어요. 원원 선생님은 온돌이 아주 과학적인 거라고 몇 번이나 힘주어 이야기하셨거든요.

"본본 기자, 세계 여러 나라 집들의 구조는 사실 비슷비슷해요. 그런데 우리나라에만 있는 게 있어요. 고구려 때부터 있었던 우리만의 난방 장치, 바로 온돌이

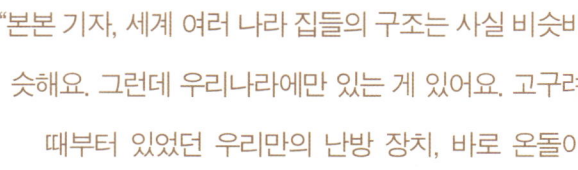

죠. 온돌은 조상들이 남겨 준 위대한 문화유산이라고 할 수 있어요."

기차 안에서 본본 아저씨는 원원 선생님의 말을 다시 한번 떠올렸어요. 기차에서 내려 버스를 타고, 다시 택시를 타고 다섯 시간 만에 시골집에 도착한 아저씨는 할아버지께 인사를 드리자마자 온돌 이야기부터 꺼냈어요.

"할아버지, 온돌이 만들기 어려운 거예요? 온돌방에서 자면 몸에 좋다던데 정말 그래요? 온돌이 가스보일러보다 불편하지 않나요?"

"이 녀석아, 숨넘어가겠다. 짐부터 풀고 물어봐라."

방에 짐을 내려놓자마자 아저씨는 온돌부터 보러 갔어요. 할아버지는 온돌에 대해서 꼬치꼬치 캐물어 대는 본본 아저씨에게 자세히 설명을 해 주었어요. 창녕 시골집에서 본본 아저씨는 어느새 온돌 박사가 되어 버렸어요.

불을 피워 밥도 하고 방도 데우는 부뚜막

온돌은 '구들'이라고도 불러. 우리 옛집에는 구들장이란 게 있단다. 구들장이 뭐냐 하면, 집을 지을 때 방 아래에 까는 커다란 돌판이야. 날씨가 추워지면 이 돌판 아래서 불을 때는 거지. 아궁이에 불을 지피면 불과 연기가 방 아래에 파 놓은 길을 따라 지나가면서 구들장을 뜨끈뜨끈하게 달궈 줘. 이 길을 '고래'라고 해. 구들장은 돌이어서 빨리 달아오르지는 않지만, 대신 한 번 달아오르면 오랫동안 따뜻하단다. 불을 끈 뒤에도 한참 동안 방 안이 따뜻하지.

지금이야 기름보일러도 있고 가스보일러도 있지만, 옛날에는 기름이나 가스가 없었어. 땔감이라곤 나무뿐이었지. 그래서 나무를 때서 방 안을 따뜻하게 할 수 있는 온돌을 발명한 거야. 밤에 불을 때면 다음 날 아침까지 뜨끈뜨끈하니까 온돌이 제일 편했던 거지.

요즘 가스보일러는 스위치만 누르면 바로 뜨뜻해지니까 훨씬 편해지긴 했어. 그래도 전통 온돌방을 더 좋아하는 어른들이 많아. 따뜻한 방바닥에 몸을 지지면 추위에도 끄떡없거든. 그리고 더 중요한 이유가 있어. 한옥은 흙과 돌로 지었기 때문에, 온돌에서 불을 때면 집에서 좋은 기운이 나와. 바로 원적외선이란 거야. 기름을 때면 공기를 오염시키는 물질이 나오지만, 나무는 그렇지 않지. 이렇게 온돌은 환경에도 좋고 건강에도 좋은 최고의 난방

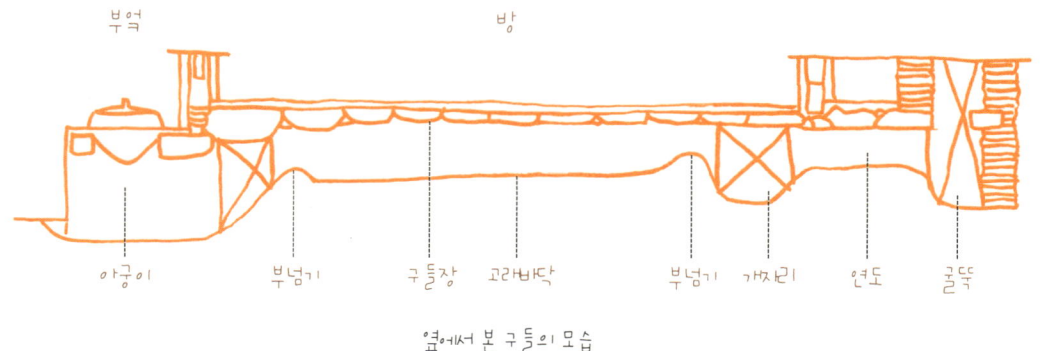

옆에서 본 구들의 모습

장치야.

　온돌방에는 아랫목과 윗목이 있어. 한번쯤 들어 봤을 거야. 온돌방은 불을 때는 아궁이와 가까운 쪽일수록 뜨거워. 방 안에서 가장 따듯한 곳이 아랫목이고 반대로 약간 시원한 곳이 윗목이야. 사람들은 대개 뜨끈뜨끈한 아랫목에 요를 깔고 잔단다.

　그러면 윗목은 추워서 불편하지 않을까? 하지만 생각만큼 그렇게 춥지 않단다. 아랫목에서 데워진 공기가 방 안에서 한 바퀴를 도니까 방 전체가 훈훈해져. 이렇게 공기가 따뜻한 곳에서 시원한 곳으로 갔다가 돌아오는 것을 '대류'라고 해.

　자, 고래에 대해 더 알아보자. 바다에 사는 고래가 아니라 온돌방에 달려 있는 고래 말이야. 아궁이에서 피운 불은 방바닥 아래에 만들어 놓은 길을 따라 지나가면서 방바닥을 데우지. 불길 모양을 어떻게 만드냐에 따라 줄고래, 부채고래 등으로 불러. 이렇게 방바닥을 데우고 나면 연기만 남아 굴뚝을 통해 밖으로 나가는 거야.

줄고래

되돈고래

부채고래

온돌 만들기는 쉬운 게 아냐. 연료를 조금만 쓰고도 오래오래 따뜻하게 하려면 고래와 구들장을 정말 잘 만들어야 돼. 온돌을 잘못 만들어 나중에 고치려면 방바닥을 다 뜯어내야 하니까, 처음 만들 때 정성껏 잘 만들어야 해. 그냥 아궁이에 나무만 넣고 태우는 게 아니란 걸 이제 알겠지?

온돌을 만들 때는 아궁이 쪽은 낮게, 굴뚝 쪽은 높게 만들어. 왜 그렇게 만드는 걸까? 아래쪽에서 불을 때야 불이 위쪽으로 잘 가기 때문이야. 아궁이에서 불을 붙이면 불이 고래로 들어가서 방을 휭 돌아서 나가. 아궁이 쪽은 불길이 세서 아주 뜨거우니까 위에 놓는 구들장도 더 두꺼운 돌로 만들어야 돼. 그리고 굴뚝도 아주 중요해. 굴뚝이 좋아야 연기가 잘 빠져나갈 수 있거든. 연기가 잘 빠지면 불길이 그만큼 잘 통하고, 그래야 방이 더욱 따뜻해지는 거야.

우리나라 안에서도 지역마다 날씨가 조금씩 달라. 같은 겨울이어도 남쪽 지방은 덜 춥고, 북쪽으로 갈수록 추워지지. 그

남쪽 지방의 앉은뱅이 굴뚝

중부 지방 굴뚝

경복궁 수정전의 키 큰 굴뚝

래서 북쪽 지방에 있는 집일수록 방을 따뜻하게 만들어야 해. 재미있는 건 북쪽으로 갈수록 굴뚝이 더 높아진다는 거야.

우리나라 북쪽 지방의 굴뚝은 어른 키보다도 높은 게 많아. 굴뚝이 높으면 불을 더 세게 빨아들여 난방이 더 잘되거든. 그래서 추운 곳일수록 굴뚝을 높게 만드는 거야. 하지만 한반도의 가장 남쪽인 경상도나 전라도에 가면 굴뚝 키가 작아서 어린아이만 하단다. 아예 구멍만 하나 뚫어 놓은 것처럼 낮고 작은 것도 있어. 이렇게 낮은 굴뚝의 연기는 벌레를 쫓아 주기도 해. 굴뚝이 모기향 역할까지 하는 거지.

한옥에서 온돌이 중요한 이유는 방을 따뜻하게 해 주기 때문만은 아니야. 옛날 사람들은 온돌이 없으면 살림을 못했어. 불을 피워서 방을 데우는 동시에 아궁이에서는 음식을 만들거든. 그러니까 온돌은 요즘으로 치면 보일러이면서 가스레인지도 되고 오븐도 되는 거야.

아궁이 위에 솥을 걸고 음식을 만드는 곳이 바로 부뚜막이야.

온돌이 하는 일이 또 있어. 아궁이에 불을 때고 나면 뭐가 남을까? 재가 남잖아. 이 재가 아주 중요하단다. 우리 조상들은 재를 그냥 버리지 않았어. 겨울에는 재에 남은 불씨를 화로에 담아서 방에 난로처럼 들여놓았지. 그러면 방 안에서도 불을 쬘 수 있었어.

또 재는 비료가 되기도 해. 재에 똥을 섞어서 비료로 썼지. 그리고 뒷간(화장실)에 재를 뿌리면 냄새도 사라져. 뭐든지 요모조모 살펴서 쓰면 버릴 것이 없지.

"그런데 할아버지, 여름에는 더운데 밥 하느라 불을 때면 방 안이 괜히 뜨거워지는 거 아니에요?"

"맞다. 그래서 여름에는 아궁이에 불을 때지 않는다. 옛날에는 여름이면 화덕에서 따로 음식을 해 먹었지."

그날 밤 본본 아저씨는 모처럼 온돌방에서 늘어지게 잤어요. 할아버지가 군불을 때 주셔서 방이 잘잘 끓는 것처럼 따뜻했습니다. 할아버지 말처럼 온돌방에서 자고 나니 평소보다 몸이 더 개운한 것 같았어요.

온돌에 대해 이것저것 공부하고 돌아온 아저

화덕이 있으면
밖에서도 음식을 할 수 있어

씨는 원원 선생님에게 전화를 했어요.

"선생님 말씀대로 한옥에서 온돌이 정말 중요하다는 걸 알았어요. 그냥 단순한 난방 장치가 아니더라고요."

원원 선생님은 반가워하며 좀 더 설명해 주었어요.

"그럼요. 온돌은 우리 생활 방식에 많은 영향을 주었어요. 우리나라 문화를 흔히 '좌식 문화'라고 해요. 서양 사람들처럼 의자나 침대를 쓰지 않고 따뜻한 방바닥에 앉아서 생활하는 걸 말해요. 가구도 앉은키에 맞게 만들어서 썼죠. 지금은 우리도 서양처럼 의자와 소파를 쓰긴 하지만, 그래도 온돌 문화는 함께 이어지고 있어요."

"어, 아파트에는 아궁이도 없고 나무 장작도 없는데 어떻게 온돌을 써요?"

"기름보일러든 가스보일러든 모두 방바닥을 뜨겁게 데우는 거잖아요. 서양에서는 난로로 방의 공기를 데우지만, 우리는 방바닥을 데우지요. 우리가 사는 집은 현대식으로 바뀌었어도 바닥을 데우는 온돌의 원리는 그대로 이어 가고 있는 거예요."

"정말 그렇군요."

"그래서 온돌이 우리나라에만 있는 독특한 문화라고 하는 거예요. 알겠죠?"

"네!"

본본 아저씨는 신이 나서 크게 대답했어요. 온돌방에서 잤더니 힘이 생겨서 목소리도 커졌나 봐요!

궁금하니?

### 보물이 된 경복궁의 굴뚝들

온돌이 발달하면서 함께 발달한 것이 바로 굴뚝이에요. 굴뚝의 생김새는 지역에 따라, 집의 종류에 따라 매우 다양해요. 추운 지방일수록 굴뚝을 높이 만들었어요. 또 궁궐처럼 크고 화려한 집일수록 굴뚝도 멋있게 만들었어요.

경복궁 건청궁의 기와집 모양 굴뚝

옛사람들은 굴뚝을 예쁘게 꾸미기를 좋아했어요. 그냥 흙으로 빚어 높게 세우기보다는 기와와 벽돌을 이용해 모양을 냈지요. 이렇게 멋지게 꾸민 굴뚝 중에는 나라의 보물이 된 것도 있어요. 굴뚝이 보물이 된 나라는 아마 우리나라밖에 없을 거예요.

아래 사진은 경복궁 자경전 굴뚝이에요. 얼핏 봐서는 전혀 굴뚝처럼 보이지 않아요. 마치 멋진 조각이나 벽화 같아요. 자경전은 대비(왕의 어머니)가 머물던 건물로 보물 809호로 지정되어 있어요. 그런데 자경전의 굴뚝은 따로 보물 810호로 지정했어요. 그만큼 예쁘고 중요하다는 뜻이죠.

경복궁 자경전 굴뚝

이 굴뚝은 십장생이 새겨져 있어서 '십장생 굴뚝'이라고도 불러요.

십장생이 뭔지 알고 있나요? 아주 오래 사는 열 가지를 말해요. 우선 식물 중에서 오래 사는 것으로 불로초하고 소나무가 있죠. 동물 중에선 뭐가 오래 살까요? 거북이가 오래 살고, 학, 사슴도 오래 산대요. 그 밖에 해와 달, 물하고 돌, 그리고 산을 집어넣어요. 달 대신 구름을 넣기도 해요. 자경전 굴뚝을 직접 보면, 이 열 가지를 꼭 찾아보세요.

경복궁에는 보물 굴뚝이 하나 더 있어요. 교태전 뒤뜰에 있는 아미산 굴뚝이에요. 교태전은 왕비가 머물던 건물이고, 아미산은 왕비가 보고 즐길 수 있도록 꾸민 작은 동산이에요. 여기에 작은 굴뚝을 여러 개 세워 멋진 풍경을 만들어 냈어요. 현재 남아 있는 4개의 굴뚝이 보물 811호로 지정되어 있지요. 아미산 굴뚝은 그냥 네모나게 만들지 않고 육각형으로 멋을 냈어요. 그리고 소나무, 매화, 불로초, 학, 박쥐 같은 좋은 의미를 지닌 동식물을 무늬로 넣었어요. 어때요? 보물이 될 만큼 멋있죠?

꽃나무와 굴뚝이 어우러진 경복궁 아미산의 풍경

05
뽐내는 창호

지붕, 기둥, 마루, 온돌 이렇게 네 가지 기사를 쓴 본본 아저씨. 이번에 아저씨는 우리 옛집에서 가장 멋있는 부분은 어디일까 생각해 봤어요. 지붕이나 기둥 말고는 별로 떠오르는 게 없었죠. 아저씨는 전통 건축에 대해 좀 더 공부를 해야겠다고 마음먹었어요. 본본 아저씨는 처음에 지붕에 대해 가르쳐 주셨던 석석 교수님에게 전화를 걸어 다짜고짜 물었어요.

"교수님, 교수님은 한옥에서 어디가 가장 아름답다고 생각하세요?"

"한옥은 구석구석 들여다보면 다 아름다워요. 그리고 사람마다 아름답다고 생각하는 게 다 달라요."

"그래도 교수님이 가장 좋아하는 부분이 있을 것 같아요."

"저는요, 창호가 가장 좋아요."

"창호요?"

본본 아저씨는 또 궁금해졌어요.

'창문이면 창문이지 창호는 또 뭐야?'

궁금하면 물어봐야죠. 아저씨는 몰라도 아는 척하는 사람, 그리고 모르면서 그냥 넘어가는 사람이 가장 바보라고 생각하거든요.

"교수님, 창호와 창문은 다른 건가요?"

"아, 창호는요, 바람 통하고 빛이 들어오는 '창'하고, 집 안에서 통로가 되는 '호'를 합친 말이에요. 우리 옛집은 창과 문이 뚜렷하게 구분되지 않아요.

창문이면서 사람이 들어가고 나가는 문도 되거든요. 그래서 한옥에선 창문이라고 하지 않고 창호라고 불러요."

석석 교수님은 자기가 좋아하는 창호 이야기가 나오자 갑자기 말이 많아졌어요.

"우리나라 창은 디자인이 참 멋있어요. 무늬가 정말 예쁘잖아요! 본본 씨, 신흥사란 절의 창 본 적 있어요? 동화사 창은 또 얼마나 멋있다고요. 운문사랑 통도사도 빠뜨리면 안 돼요. 선교장 가 봤어요? 하회마을에는요……."

평소 조용하던 석석 교수님이 창호 이야기가 나오자 침을 튀기며 자랑을 늘어놓았어요. 본본 아저씨는 점점 창호가 궁금해지기 시작했지요. 석석 교수님은 아저씨에게 우리나라에서 전통 창호를 가장 잘 만든다는 심심 소목을 먼저 찾아가 보라고 했어요. 우리나라 국보 건축물을 고칠 때에도 심심 아저씨가 만든 창호가 들어간대요.

'근데 소목이 무슨 뜻이었더라? ……맞아, 대목 선생님을 만났을 때 들었지!'

집의 뼈대가 되는 기둥 같은 커다란 나무를 다루는 목수가 대목, 그리고 창호나 가구를 만드는 목수가 바로 소목이죠.

본본 아저씨는 심심 소목이 일하는 공방으로 찾아갔어요. 본본 아저씨가 창호에 대해 배우고 싶다고 하자 심심 아저씨는 자기를 따라오라고 했어요.

"제가 만든 창호 전시용 한옥이 따로 있어요. 거기로 가면 여러 가지 창호를 한꺼번에 볼 수 있답니다."

심심 소목 아저씨는 본본 아저씨를 데리고 서울 북촌으로 갔어요. 북촌은 한옥들이 모여 있는 서울 종로구 가회동 일대를 부르는 말이에요. 북촌 한옥 골목으로 들어가자 '청원산방'이란 한옥이 나왔어요. 심심 아저씨가 사람들에게 우리 한옥의 창호가 얼마나 아름다운지 보여 주려고 지은 집이래요. 입장료도 낼 필요 없이 누구나 한옥을 구경할 수 있는 집이죠. 심심 아저씨는 집 마루에 앉아 창호 이야기를 들려주기 시작했어요. 심심 아저씨의 설명을 들으며 여러 가지 창호를 보고 나니까, 비슷비슷했던 창들이 새롭게 보였어요. 집안 곳곳에 여러 가지 창이 숨어 있다는 사실도 알 수 있었지요.

건물 안팎으로 사람도 드나들고, 공기도 통하고, 빛도 들어오도록 건물 벽에 낸 만든 창 또는 문을 창호라고 해. 사람이 드나들 때는 문이 되고, 평소에는 빛과 바람이 들어오는 창이 되는 거야.

이런 창호를 온갖 무늬로 꾸미는 것이 바로 우리 전통 건축의 특징이야. 창호는 옆으로 밀어서 닫기도 하지만, 여름에는 위로 열어 매달아 놓을 수도 있어. 이렇게 쉽게 열고 닫고 올리면서 공간을 쪼개기도 하고 넓게 트기도 하지. 방과 마루 사이의 창호를 걷어 올리면 방하고 마루가 하나로 이어지잖아. 이런 식으로 방들을 쪼갰다가 붙였다가 하는 거지.

 창호는 기둥이나 지붕보다 크기는 작지만, 만들기가 쉽지 않아. 정교하고 세밀하게 만들어야 되니까. 공을 들여 잘 만든 창호는 값도 비싸단다. 자동차보다 더 비싼 창호가 있을 정도야.

 우리나라 창호는 두께가 얇은 데다, 종이를 발라 쓰기 때문에 찬바람이 잘 들어오고 소리도 새어 나오기 쉬워. 그래서 대개는 문짝을 두 겹, 세 겹으로 달지. 여름에는 창호에 종이 대신 얇은 비단을 바르기도 해. 종이보다 올이 성글어서 바람이 잘 통하고, 벌레를 막는 방충망 역할도 하지.

 창호의 생김새는 정말 여러 가지야. 모양에 따라 이름도 다르지. 보통 우리

나라 창호는 밀어서 열고 닫는 '미닫이문'이야. 또, 밀어서 하나로 모은 다음에 위로 들어 올릴 수 있는 창문도 있는데, 이걸 '들어열개'라고 해.

아주 작은 꼬마 창도 있어. 부엌 같은 곳에서 연기를 내보내는 창문이지. 공기는 드나들게 하고, 동물들은 못 들어오게 나뭇가지를 끼워 넣거나 창호지를 발라 놓지. 이런 창을 '봉창'이라고 해. 엉뚱한 말을 하면, 자다가 봉창 두드린다고 하지? 바로 그 봉창 말이야.

아래에서 위로 여는 '들창'도 있어. 이런 창은 닫을 때 그냥 놓으면 쾅 하고 벼락 치듯 큰 소리가 나. 그래서 '벼락닫이창'이라고도 불러.

우리 창호를 보면 대부분 가는 나무살로 짜서 만든 '살창'이야. 이렇게 살창으로 만들면 창문이 가벼워서 열고 닫기 편하지. 창문에 짜 넣는 살대는 여러 가지 모양이 있어. 사람들이 우리 옛집에서 가장 예쁘고 멋있다고 하는 부분이 바로 이 창호의 살이야. 살대가 가로세로로 겹치는 모양에 따라서 아주 다양한 무늬가 만들어지지.

가장 많이 쓰고 인기도 좋은 창은 '세살창'이야. 위아래로 이어지는 세로 살 중간 중간에 가로 살이 있어. 창문 전체가 네모 칸으로 가득한 살창도 있어. '만살'이라고도 하고 '정자살'이라고도 해. 네모 칸 모양이 '만(卍)'자 또는 '정(井)'자와 비슷하다고 붙인 이름이야.

살창 중에는 이렇게 살대 모양과 비슷한 한자로 이름을 붙인 것들이 많아.

'용자살'은 살대들이 만드는 네모 칸이 큼직한 창문이야. 한자 '용(用)'자와 비슷해서 용자살이지. '아자살'은 화려하게 모양을 낸 창문이야. 살대 모양이 '아(亞)'자와 비슷하지? '숫대살'도 있어. 산가지를 놓은 모양으로 살대를 이어 만든 창이지. 산가지가 뭐냐고? 옛날에 셈을 할 때 쓰던 가는 나무 막대를 말해.

이런 갖가지 모양의 창호 중에서도 가장 멋을 많이 낸 멋쟁이 창호가 있어. 바로 '꽃살'이란 거야. 살대를 아예 꽃 모양으로 조각을 해서 정성껏 만든 창호란다. 꽃살은 우리 한옥에서 가장 예쁘고 화려한 것으로 꼽혀.

꽃살

꽃살은 주로 절에서 많이 쓰지만, 일반 가정집에서도 멋을 내기

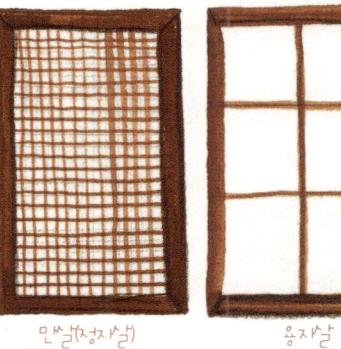  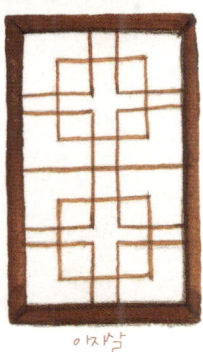

만살(정자살)     용자살     아자살

위해 썼어. 절에 있는 꽃살은 화려하게 색칠을 하지만, 가정집의 꽃살은 칠을 하지 않아.

두꺼운 종이로 창호의 살대 안팎을 싸서 바르는 것을 맹장지라고 해. 이렇게 하면 햇빛이 비치지 않고 바람도 웬만큼 막을 수 있지. 방과 마루 사이의 문은 이런 맹장지문이 많아.

그런데 햇빛이 아예 안 비치면 불편하니까 때로는 문 가운데 사각형이나 팔각형의 살창을 내고 얇은 종이를 붙였어. 그 부분으로만 불빛이 들어오록 말이야. 이 창을 '불발기창'이라고 해. 말 그대로 불을 밝히는 창이란 뜻이

맹장지문에 낸 불발기창

지. 방에 불발기창이 있으면, 은은한 불빛이 방 안으로 스며드는 모습이 아주 예쁘단다.

양반집에서는 '서각장지문'이란 것으로 멋을 내기도 했어. 글씨나 그림을 나무에 새기거나 종이에 그려서 문에 붙이는 거야. 방 안에서 그림을 즐길 수 있도록 말이야.

집 안에 달이 뜨게 할 수도 있어. 문을 달처럼 동그랗게 만들면 돼. 이런 문을 '달문'이라고 해. 창호는 네모난 것만 있는 줄 알았는데, 아니더라고.

어때? 정말 다양한 창호들이 있지? 이렇게 아름다운 창호들이 많아서 우리 전통 건축에서 가장 예쁜 것이 창호라고 하나 봐.

청원산방의 서각장지문

창덕궁 낙선재의 달문

궁금하니?

### 한옥에 눈썹도 있고 눈곱도 있네?

한옥의 창 중에 이름부터 재미있는 것이 하나 있어요. 바로 '눈곱째기창'이에요. 창문을 눈곱만 하게 만들었다고 붙은 이름이지요. 추운 겨울에 창문을 열면 찬바람이 마구 들어와요. 그래서 창문 전체를 열지 않고 살짝 바깥을 내다볼 수 있게 작은 창문을 만든 거예요. 요즘으로 치면 인터폰 같은 역할을 했지요. 살짝 열어서 '누구세요?' 하고 물어보는 창문이니까요. 그런가 하면 한옥에는 눈썹도 있어요. 지붕 아래 지붕을 하나 덧대어 눈썹처럼 보이는 지붕을 '눈썹지붕'이라고 해요.

청원산방의 눈곱째기창

방 안에서 눈곱째기창으로 내다본 모습

동계고택의 눈썹지붕

## "한옥을 제대로 알리고 싶어요"
#### 40년 목수 인생 한옥에 바친 심용식 소목장

한옥이 몰려 있는 서울 북촌에 누구나 들어가서 구경할 수 있는 집이 생겼다. 심용식 소목장이 만든 '청원산방'(전화 02-715-3342)이란 곳이다. 심용식 소목장(이하 심심)은 40년 동안 창호를 만들어 온 장인이다. 그의 주특기인 창호를 보여 주는 전시장이 청원산방이다. 우리 전통 건축에 쓰는 온갖 창호들을 여기서 만나 볼 수 있다.

청원산방에는 또 다른 신기한 볼거리가 있다. 집 안에 목수들이 쓰는 연장들을 전시한다. 나무에 줄을 긋는 먹줄통, 다양한 칼과 대패들을 보면 우리 한옥을 짓는 것이 얼마나 정교한 일인지 절로 깨닫게 된다.

**본본:** 반갑습니다. 이렇게 누구나 구경할 수 있는 한옥을 지은 이유가 뭔가요?

**심심:** 요즘 우리 한옥에 대해 관심들이 많아졌습니다. 하지만 한옥을 구경할 만한 곳은 별로 없어서 이 집을 지었습니다.

**본본:** 얼마나 오래 목수 일을 하셨죠?

**심심:** 40년쯤 했어요.

**본본:** 우와! 40년이오?

**심심:** 네, 열일곱 살부터 목공일을 배웠어요. 집안이 너무 어렵고 동생들이 많아서 제가 일을 해서 동생들 학교 다닐 돈을 벌었어요. 손재주가 좋았고 나무를 다루는 일에 관심이 많아서 목수가 된 거죠.

**본본:** 창호 전문가로서, 창호는 뭐라고 생각하시나요?

**심심:** 집이 몸이면 창호는 얼굴 같아요. 그 집이 웃는 얼굴이 되게 만드는 게 창호예요. 창호를 예쁘게 잘 만들면 집의 인상이 좋아지는 거죠.

**본본:** 이런 집을 지으려면 돈이 많이 들었을 것 같아요.

**심심:** 제가 평생 한옥을 만들면서 돈 벌고 살았으니 한옥을 제대로 알리는 공간을 만들어서 많은 분들이 보시면 좋겠다고 생각했어요. 한옥이 보고 싶거나 궁금한 분은 누구나 와서 구경하고 가세요.

심심 소목장의 연장들

## 06
## 복이 드나드는 문

"서울에 궁궐 말고 다른 한옥은 없을까?"

매번 멀리 우리 옛집을 찾아 돌아다니던 본본 아저씨가 갑자기 꾀가 났어요. 가까운 서울에 있는 한옥을 찾아보기로 한 거예요. 그래서 이번엔 건축평론가 용용 선생님에게 전화를 했어요.

"용용 선생님, 서울에 가 볼 만한 한옥 없나요?"

"왜 없어? 좋은 데가 하나 있지. 아주 끝내주는 양반집."

"어, 그게 어디예요?"

"운현궁."

"운현궁이오? 경복궁, 덕수궁은 들어 봤어도 운현궁은 처음 들어요."

"뭐야, 운현궁에 아직도 안 가 봤단 말이야? 그럼 문제 하나 낼게. 운현궁은 궁궐일까, 아닐까?"

"글쎄요, 이름에 궁이 들어가긴 하는데…… 잘 모르겠어요."

"이런, 당장 나를 따라오라고! 운현궁을 못 봤다니, 절대 안 돼!"

성격 급하기로 소문난 건축평론가 용용 아저씨는 본본 아저씨를 잡아끌고 곧장 운현궁으로 갔어요. 그런데, 건축평론가는 뭐하는 사람이냐고요? 어떤 건물이 좋은 건물이고, 건물에 어떤 의미가 있는지 꼼꼼히 따지는 글을 쓰는 건축 전문가를 말해요.

용용 아저씨는 서울 인사동 근처에 있는 운현궁

으로 본본 아저씨를 데리고 들어가 설명을 시작했어요. 운현궁은 고종 황제의 아버지인 대원군 이하응의 집이었대요. 대원군이란 왕의 아버지를 부르는 말이에요.

고종은 원래 왕족이지만 왕자는 아니었어요. 고종이 왕이 되자 아버지 이하응은 대원군이 됐지요. 운현궁은 고종이 자랐고, 왕의 아버지가 된 이하응이 살았던 집이어서 아주 잘 꾸며 놨어요. 용용 아저씨는 잘 지은 양반집을 보려면 운현궁부터 봐야 한다며 엄지손가락을 치켜세웠어요.

"운현궁은 원래부터 궁은 아니었어. 그런데 여기서 자란 고종이 왕이 되니까 '궁'자를 붙인 거야."

용용 아저씨는 쉴 새 없이 설명을 쏟아 냈어요.

"자, 이 문 좀 보라고. 양반집이란 티가 확 나잖아?"

"문만 봐도 양반집인 줄 알 수 있나요?"

"그것도 몰랐단 말이야? 옛날에는 신분에 따라 지을 수 있는 집 크기가 정해져 있었어. 그건 알고 있겠지?"

핀잔을 듣고 마음이 상했던 본본 아저씨는 모처럼 아는 게 나와 자신 있게 대답했어요.

"그럼요. 왕이 아니면 100칸 넘게 지으면 안 됐다면서요. 99칸이 최고로 큰 집이잖아요. 저도 그건 알아요."

"그건 알면서 문에도 종류가 있는 건 왜 몰라? 우

문

리 전통 건축은 문을 잘 봐야 돼. 문이 얼마나 많은 줄 알아? 솟을대문, 평대문, 평삼문도 있고, 사주문, 사립문…… 절에는 일주문, 해탈문도 있단 말이야."

생각해 보니까 정말 문은 중요한 것 같아요. 집의 입구잖아요.

용용 아저씨는 운현궁 문을 가리키며 다시 질문 공격을 시작했어요.

"이 문이 뭘까?"

"네? 정문이겠죠."

"어이구, 그걸 누가 몰라! 저건 솟을대문이야, 솟을대문! 문 가운데가 높게 솟아 있잖아. 저런 문은 양반집에만 짓는 거야."

용용 아저씨는 구박 반, 설명 반으로 문 이야기를 들려줬어요.

집에 들어갈 땐 누구든지 문으로 들어가잖아. 그러니 문은 참 중요한 곳이야. 집의 얼굴이자 입이라고 할 수 있지. 꼭 사람이 드나드는 문이 아니더라도, 중요한 일을 기념하고 기리기 위해 문을 짓기도 해. 파리에 있는 개선문은 전쟁에서 이긴 것을 기념하는 문인데, 실제로 그 문으로 다니는 사람은 없어. 문이라기보다는 기념탑인 거지.

우리나라 건축에서도 문은 아주 중요했어. 옛날 사람들은 사람뿐 아니라 온갖 혼령과 귀신도 문으로 드나든다고 생각했거든. 그래서 문에는 귀신을 쫓고 복을 부르는 글을 붙이거나 장식을 했지.

그럼 우리 옛집에는 어떤 문들이 있을까? 집의 얼굴인 대문이 있고, 집 안에 또 다른 문들이 있어. 먼저 대문부터 볼까?

양반집에선 대문을 '솟을대문'으로 지었어. 문 가운데가 더 높게 솟아 있는 문이야. 대문 옆에는 하인들이 사는 방인 행랑채가 붙어 있어. 솟을대문으로 문 높이를 올린 것은 멋도 있지만, 벼슬을 하는 양반들이 드나들기 편리하게 한 거야. 옛날 벼슬아치들은 '초헌'이라는 외바퀴 수레를 타고 다녔거든. 이 수레를 타고 다닐 때 지붕에 머리가 닿지 않도록 문을 높이 낸 거지. 문지방 가운데도 초헌 바퀴가 잘 다닐 수 있게 잘라서 비워 놓았어.

벼슬아치가 살지 않는 집들은 솟을대문을 달지 않고 담하고 높이가 똑같은 문을 달았어. 그런 문을 '평대문'이라고 해. 그런데 나중에는 벼슬을 하지 않는 양반들까지 너도나도 솟을대문을 세웠어. 그러니까 솟을대문 집이면 양반들이 살았던 집이라고 보면 돼.

수원향교의 솟을삼문

솟을대문 말고 '솟을삼문'도 있어. 문 세 개를 높이 올려 지은 건데, 가운데 문은 더 높이 솟아 있지. 향교처럼 중요한 곳에는 솟을삼문을 많이 세웠단다. 향교는 옛날 학교를 말해.

우리 옛집에는 세 개짜리 문이 많아. 이런 문을 삼문이라고 부르는데, 일반 가정집이 아니라 궁궐이나 관청, 향교, 사당처럼 중요한 건물들에 주로 삼문을 만들었지. 문이 세 개라도 아무 문으로나 드나들 수 없었어. 궁궐에서는 왕만 가운데 문으로 다닐 수 있었고, 신하들은 옆문으로 다녀야 했어.

궁궐 외의 다른 중요 건축물에도 문은 신경 써서 지었어. 특히 문을 아주 중요하게 여기는 곳이 절이야. 절은 대개 세 개의 문을 둔단다. 절에 가면 누구나 세 개의 문을 통과해야 돼. 가장 처음 만나는 문은 '일주문'이야. 일주문은 여기서부터 절이 시작된다는 걸 알리는 문이야. 문짝도 없고 이어진 담도 없지. 문짝이 없는 건 마음으로 지나가라는 뜻이야. 절은 마음을 닦는 신

속리산법주사의 일주문

일주문을 옆에서 보면 맞배지붕이란 걸 알 수 있어.

성한 곳이니, 이제부터 마음을 가지런히 하라고 귀띔해 주는 거지. 일주문의 구조는 간단하지만 화려하고 웅장하게 꾸민 것들이 많아.

 일주문을 지나 조금 더 걸으면 '천왕문'이 나와. 천왕문은 사천왕을 모시는 집이기도 해. 사천왕은 불교의 가르침을 지키는 수호신들이야. 동서남북을 지키는 지국천왕, 광목천왕, 증장천왕, 다문천왕을 가리켜 사천왕이라고 하지. 절에 따라서 일주문과 천왕문 사이에 금강문을 세우기도 해.

 천왕문에 있는 사천왕은 좀 무섭게 생겼어. 눈을 크게 부릅뜨며 노려보고, 손에는 무기까지 들고 있지. 왜 이렇게 무시무시하게 만들었을까? 천왕들의 발밑을 한번 볼래? 다들 무언가를 밟고 있지? 나쁜 귀신을 때려누여 밟고 있는 거야. 그러니까 사천왕은 우리를 지켜 주는 용사들이라고 할 수 있어. 무서워 보이는 이유를 알겠지?

 일주문, 천왕문을 지나면 마지막 문 '해탈문'이 나와. 일주문에서 시작해서

법주사의 천왕문

사천왕이 귀신을 밟고 있는 모습

조금씩 산 위로 걸어 올라가다 진짜 절 안으로 들어가는 문이 해탈문이야. 해탈은 사람이 온갖 마음의 괴로움을 벗어던지고 깨달음을 얻는 경지를 말해. 해탈문은 그러니까 '진리를 깨닫는 문'이란 뜻이지. 해탈문은 대개 건물 아래에서 위로 계단을 올라가게 되어 있어. 계단을 오르면서 조금씩 절 윗부분이 보이고 다 올라가면 드디어 넓은 절 마당이 눈앞에 펼쳐지는 거지.

또 다른 문 이야기를 해 볼까? 우리나라에만 있는 아주 독특한 문이 있는데, 바로 '홍살문'이야. 혹시 왕릉으로 소풍을 간 적이 있다면 거기서 봤을 거야. 홍살문은 문짝도 없고, 지붕도 없이 빨간색 기둥 두 개만 서 있는 특이한 문이야.

홍살문은 신성한 곳에 세우는 문이야. 이 문이 있으면 거기부터 신성한 곳이 시작된다는 뜻이지. 왕릉에도 세웠고, 사당이 있는 향교와 서원 앞에도 세웠어. 제사를 지내는 신성한 곳이니까 홍살문 앞에선 말을 타고 온 높은 사람도 말에서 내려 걸어가야 해.

　신성한 곳에 만드는 문이기 때문에 색깔도 빨간색이야. 옛날에는 귀신이 빨간색을 싫어한다고 믿었거든. 귀신이 들어오지 못하도록 문을 빨갛게 칠한 거지. 동짓날에 팥죽을 먹는 것도 팥죽의 붉은색 때문이야. 집안에 귀신들이 못 들어오게 하려고 말이야.

　우리나라 전통 문이 생각보다 많지? 그런데 이 모든 문들에 공통점이 하나 있단다. 문짝이 모두 집 안쪽을 향해 열린다는 거야. 복이 안으로 쉽게 들어오고 바깥으로는 빠져나가지 말라고 그렇게 만들었어. 사람, 귀신 그리고 복이 모두 드나드는 곳이니 문이 얼마나 중요한지 이제 알겠지?

경기전의 홍살문

궁금하니?

**암호가 숨어 있는 문**

제주도에만 있는 문이 있어요. 정낭이란 문이지요. 나무 기둥 세 개를 걸어 놓는 문인데, 기둥을 몇 개 걸었는지에 따라 손님에게 보내는 신호가 달라요. 나무가 하나도 없으면 집에 사람이 있다는 뜻이고, 하나만 걸어 놓으면 조금 있다가 올 테니 기다리라는 뜻이고, 두 개를 걸으면 오늘 안으로 온다는 뜻이고, 세 개를 걸어 놓으면 집을 오래 비운다는 뜻이죠. 제주도는 도둑이 없어서 이렇게 마음 편하게 집을 비우고 다닐 수가 있대요.

일본의 도리이

**신성한 곳에 세우는 한중일 세 나라의 문**

한국, 중국, 일본의 전통 건축은 비슷하면서도 조금씩 달라요. 우리나라에 홍살문이 있다면, 일본에는 '도 리이'가 있어요. 홍살문처럼 신성한 곳에 세우는 문인데, 문짝 없이 기둥 두 개로 세우는 모양도 같아요. 도리이는 일본 어디에서나 쉽게 볼 수 있어서 일본의 상징이 됐어요. 일본 신을 모시는 신사 입구에 많이 세우죠. 대개 빨간색을 칠하는데, 가끔 칠하지 않은 것도 있어요. 한국에 홍살문, 일본에 도리이가 있다면 중국에는 화표가 있어요. 주로 묘 앞에 많이 세우는데, 베이징에 있는 가장 큰 문인 천안문 앞에도 이 화표가 있지요. 화표의 생김새는 홍살문이나 도리이와는 전혀 달라요. 일본이나 중국에 가면 도리이와 화표를 꼭 한번 찾아보세요.

### 국보로 지정된 세가지 문

우리나라에서 국보로 지정된 문화유산은 모두 300개쯤 돼요. 그중에서 건축물은 21개예요. 생각보다 적죠? 많이 부서지고 사라져 버렸기 때문이에요.

21개 국보 건축물 중에서 문은 딱 3개뿐이에요. 가장 유명한 것은 국보 1호 숭례문인데, 안타깝게 불이 나서 지금 고치고 있죠. 앞번호일수록 더 중요한 보물은 아니에요. 하지만 숭례문은 우리나라를 대표하는 문화재로 꼽히고 있죠. 얼핏 보면 흥인지문(동대문)하고 아주 비슷하게 생겼는데, 숭례문이 더 대접받는 이유는 흥인지문보다 훨씬 오래된 문이기 때문이에요.

국보 1호 숭례문

도갑사 해탈문과 강릉객사문은 국보로 정했을 만큼 중요한 문화재지만 널리 알려지지 않았죠. 화려하진 않지만 실제로 보면 아주 근사하고 멋있는 문들이랍니다. 모두 고려 시대에 지은 것들이에요.

국보 51호 강릉객사문

지금 남아 있는 건축물 중에서 고려 시대에 지은 것들은 정말 드물어요. 백 년도 아니고 천 년을 이어 온 건물들이지요. 화려하게 단청으로 꾸미지도 않고 나무 색깔 그대로인 수수한 건물이지만, 오랜 세월 버텨 온 모습이 의젓하고 인자한 할아버지 같은 문들이에요.

국보 50호 도갑사 해탈문

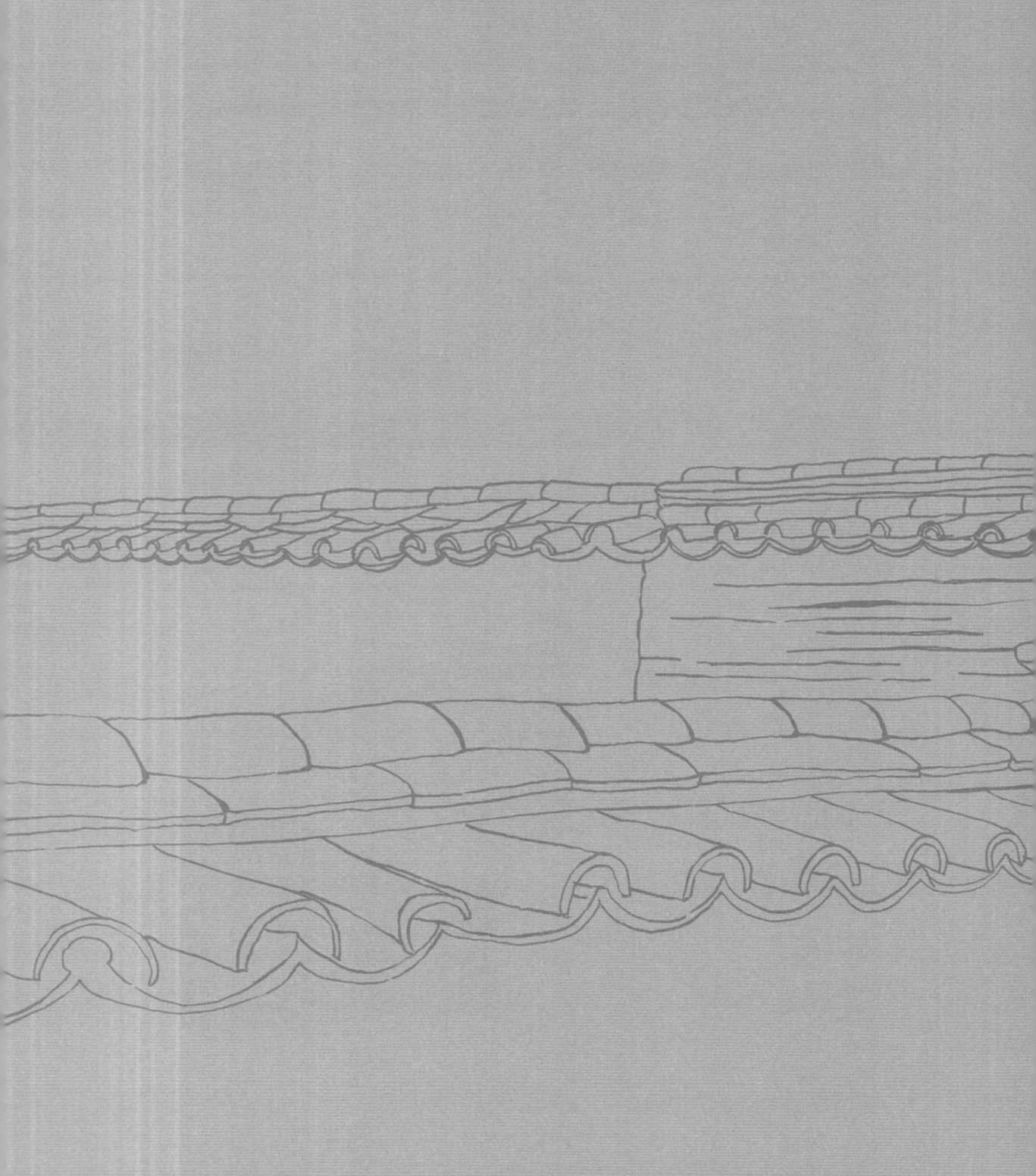

# 07
## 꽃처럼 예쁜 담

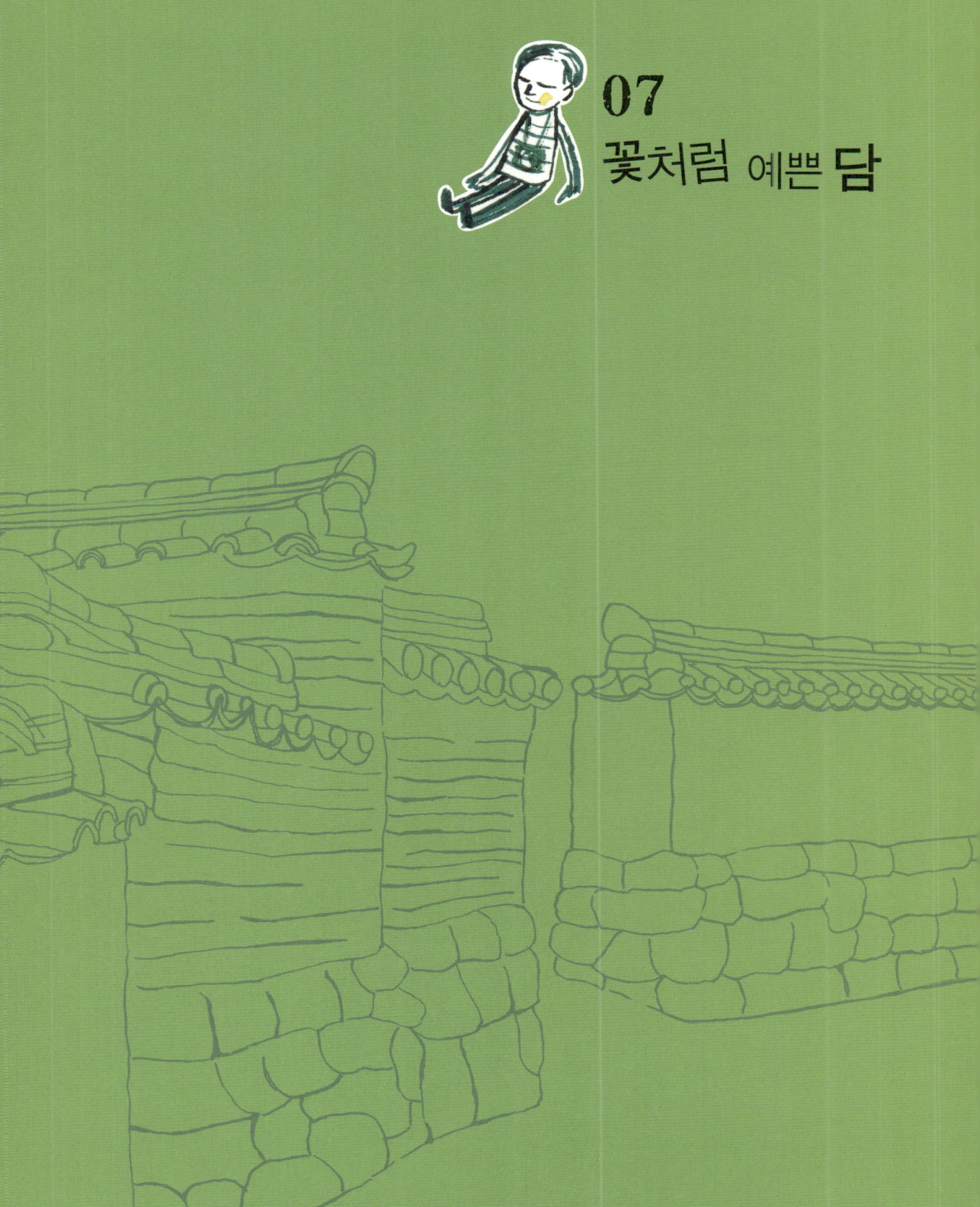

본본 아저씨는 오늘 충청남도 아산시에 있는 외암민속마을에 내려왔어요. 이곳은 우리나라에서 한옥들이 잘 보존되어 있는 마을 중 한 곳이에요. 아저씨가 외암리에 간 이유는 이 마을에 예쁜 돌담이 있다는 이야기를 들었기 때문이에요.

본본 아저씨는 카메라를 들고 마을 앞을 흐르는 냇물을 건너 민속마을로 들어갔어요. 오늘 취재에는 건축가 창창 아저씨도 함께 왔답니다.

가을을 맞은 민속마을은 맨드라미며 채송화며 코스모스며 온갖 예쁜 꽃들이 곳곳에 알록달록 피어 너무나 아름다웠어요. 들판에는 벼들이 노랗게 익어 가고, 동네 아저씨들은 초가집 지붕을 얹기 위해 짚들을 바쁘게 꼬고 있었어요. 초가지붕 만드는 모습을 처음 본 본본 아저씨는 카메라로 사진을 찍고 일하는 아저씨들에게 지붕 얹는 법을 물어보느라 정신이 없었죠.

골목을 따라 걸어 들어가니 드디어 마을의 예쁜 돌담이 나타났어요.

본본 아저씨는 건축가 창창 아저씨에게 물었어요.

"창창 씨, 이 돌담이 예쁘기는 한데, 왜 그렇게 중요한 거예요?"

창창 아저씨는 설명해 주기 시작했어요.

"이런 돌담에 우리 전통 문화가 들어 있거든요. 담은 원래 자기 땅을 가리는 거잖아요. 그렇지만 너무 높게 쌓아서 자기 집을 꽁꽁 감추려 하지 않고 이렇게 들여다볼 수 있게 했어요. 대충 쌓은 것 같지만, 사실 우리나라 돌담은 아주 과학적인 담이에요."

"과학적인 담이라고요? 그냥 정성껏 예쁘게 쌓으면 되는 거 아니에요?"

창창 아저씨는 우리 담에 대해 하나하나 가르쳐 주기 시작했어요.

우리나라에서 가장 예쁜 길을 꼽으라고 하면 많은 사람들이 돌담길을 꼽아. 돌을 생긴 모양 그대로 잘 맞춰서 만든 돌담길은 화려하지는 않아도 포근하고 정답지.

그런데 안타깝게도 이 아름다운 돌담길이 많이 남아 있지 않아. 너무 흔하니까 귀한 줄 모르고 마구 헐어 버리는 바람에 다 없어지고 만 거야. 이제는 돌담길이 아주 귀하단다. 돌담길을 찾아보기 어려워지니까 이제야 사람들은 돌담길이 얼마나 아름답고 소중한 것인지 깨닫고 후회하게 되었지. 앞으로는 돌담길을 잘 보존하기 위해, 나라에서 돌담길을 중요한 문화재로 지정하기도 했어.

외암리 돌담길

외암리는 마을 전체가 문화재로 등록된 곳인데, 여기 돌담길이 아주 예뻐. 돌담은 사람 키를 넘지 않는단다. 그러니까 도둑을 막으려는 게 아니라 집을 아름답게 꾸미기 위한 담인 거야. 낮게 쌓으면 마루나 방에 앉아서도 바깥 풍경을 바라볼 수 있어. 담 너머로 보이는 경치가 모두 우리 집 마당이 되는 거지. 그런 좋은 전망을 담으로 가릴 필요가 없잖아. 우리 조상들은 자연을 늘 곁에 두고 즐기는 것을 최고로 여겼어. 자기 마당만 예쁘게 꾸미고 치장하기보다는 경치 좋은 곳을 그냥 바라보며 좋아했지. 그래서 담장을 높게 쌓아 자기 것을 감추고 가리기보다는, '이 안은 우리 집입니다'라고 말하듯 낮은 담을 둘렀던 거야.

우리나라 담은 주로 흙이나 돌, 벽돌로 쌓았어. 흙담은 쌓기가 쉬운 대신 약해서 허물어지기 쉬워. 그래서 흙 속에 짚을 섞어서 쌓았어. 흙으로만 쌓으면 흙이 마른 다음에 금이 가거나 갈라지는데, 흙에 짚을 섞으면 말라도 잘 갈라지지 않으니까. 흙 중간에 기와 조각을 넣기도 해. 이렇게 기와 조각으로 쌓은 담장을 '와편 담장'이라고 불러. 와편은 기와 조각이란 뜻이야. 쓰고 남은 헌 기와를 쪼개서 흙 사이에 콕콕 박아 넣는 담인데, 이 기와 모양으로

경주 독락당의 외편담장

여러 가지 무늬를 만들 수 있어.

　이렇게 기와 같은 것으로 멋진 무늬를 넣거나 글자를 새겨 넣어 한껏 치장한 담을 '꽃담'이라고 해. 꽃처럼 예쁜 담이지. 우리나라에서 볼 수 있는 아주 재미있는 담이야. 부자인 양반집이나 궁궐에는 아주 예쁜 꽃담들이 많단다. 꽃담에 넣는 무늬나 글자에는 오래 살거나 부자가 되길 바라는 뜻이 들어 있어.

　흙이 아니라 돌로 쌓은 돌담은 보통 똑바로 쌓지 않고 일부러 조금씩 휘어 돌아가게 쌓아. 직선으로 쌓는 것보다 이렇게 곡선으로 쌓아야 무너지지 않고 더 안정감 있게 서 있거든. 돌담이 튼튼한 이유가 또 있어. 돌과 돌 사이의 빈틈으로 물이나 바람이 잘 통하기 때문에 쉽게 무너지지 않는 거지. 모양은 대충 쌓은 것 같아도 아주 과학적인 담이 바로 돌담이야.

담 중에는 진짜 나무를 촘촘히 심어 만드는 담도 있어. 살아 있는 나무를 심어 만든 울타리라서 '생울타리' 또는 '생울'이라고 불러. 부잣집이나 양반집은 벽돌담을 쌓지만 살림이 넉넉지 않은 백성들은 이렇게 살아 있는 담을 만들었어. 만드는 데 돈이 들지 않으면서도 멋진 담이지.

생울을 만들 때는 가시가 많은 나무들을 주로 심어. 탱자나무나 측백나무 같은 것이지. 탱자나무 본 적 있어? 탱자나무는 단단하고 뾰족한 가시가 아주 많아 무섭게 생겼어. 그래도 울타리로 만들어 놓으면 자연 정원처럼 포근해져서 누구나 좋아하는 담이 된단다.

생울만큼 흔한 것으로 '싸리울'이 있어. 싸리나무로 만든 울타리라는 뜻이야. 싸리나무는 아주 흔해. 구하기도 쉽고, 담으로 만들기도 좋지. 싸리나무를 잘라 대문을 만드는 경우도 많았어. 싸리나무 가지는 가늘면서도 제법 튼

생울타리

싸리울과 싸리문

튼하단다. 그래서 고구려 사람들은 싸리나무로 화살도 만들었대.

　요즘 담은 옛날 담보다 훨씬 높고 튼튼해졌지만 더 아름답다고는 할 수 없지? 광고지가 잔뜩 붙어 있거나 낙서가 있는 담들도 많아. 자기 집 담이 아니라고 함부로 다루는 거지. 담은 우리가 사는 동네의 품위와 수준을 보여 줘. 담은 안쪽으로는 집 주인의 것이지만, 바깥쪽으로는 길을 다니는 사람들 모두의 것이잖아. 담이 지저분하면 그 길을 다니기 싫어지는 게 당연하지. 하지만 담이 예쁘고 보기 좋으면 누구나 걷고 싶어지는 길이 돼. 담이 아름다우면 우리가 사는 동네 전체가 아름다워지는 거야.

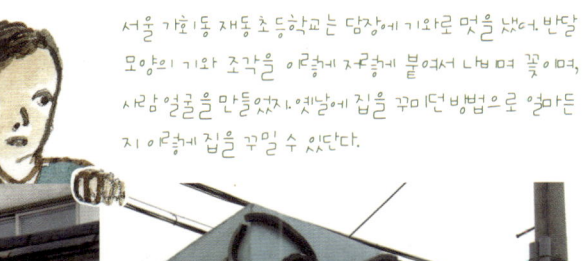

서울 가회동 재동 초등학교는 담장에 기와로 멋을 냈어. 반달 모양의 기와 조각을 이렇게 저렇게 붙여서 나비며 꽃이며, 사람 얼굴을 만들었지. 옛날에 집을 꾸미던 방법으로 얼마든지 이렇게 집을 꾸밀 수 있단다.

 궁금하니?

### 경복궁 자경전 꽃담

경복궁 자경전은 굴뚝뿐 아니라 꽃담으로도 유명해요. 이곳의 꽃담은 우리나라의 수많은 꽃담 중에서 가장 아름답기로 손꼽히는 꽃담이에요. 자경전에 가게 되면 꽃담에 어떤 그림들이 숨어 있는지 찾아보기 놀이를 해 보세요. 숨은 그림 찾기처럼 재미있어요. 흙으로 구워 만든 대나무, 석류, 나비 같은 것들을 붙이고 바탕에는 하얀 흙을 메워서 그림 담장을 만들었어요. 이 그림들만 봐도 아름다운 정원이 눈앞에 펼쳐지는 것 같아요.

### 운현궁 꽃담

운현궁은 흥선대원군이 머물던 집이에요. 운현궁에 들어서면 정면으로 빨간색으로 곱게 지은 담장이 보여요. 운현궁의 살림채를 가려 주는 기다란 담이지요. 운현궁은 궁이 아니라 양반 집이었기 때문에 담이 높지 않아요. 이 담에는 문자도가 그려져 있어요. 문자도란 좋은 의미의 문자를 그림처럼 예쁘게 꾸미는 장식을 말해요. 운현궁 꽃담에는 영세춘(永世春), 수부강령(壽富康寧), 만세락(萬歲樂) 등의 글자가 장식되어 있어요. 무슨 뜻일까요? '영원토록 봄처럼 살고, 장수와 부귀를 누리어 편안하고, 만년토록 즐거움과 함께 하시라'는 소원을 적은 거예요.

### 화성 영롱장

수원에는 우리나라에서 가장 멋있는 성, 화성이 있어요. 화성은 여러 가지 독특한 건물로도 유명하지만 아름다운 담장도 있어요. 전국에서 유일하게 화성에만 있는 독특하고 예쁜 담장이에요. 이 담장의 이름은 '영롱장'으로 생김새만큼이나 예쁜 이름이지요. 영롱장은 화성 동쪽에 있는 동장대 뒤에 있어요. 기와 중에서도 수키와만을 가지고 모양을 낸 멋진 담이에요.

수키와

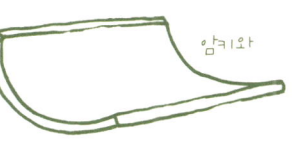
암키와

궁금하니?

# 옛 사람들은 어떤 순서로 집을 지었을까요?

**집터를 골라요**

집을 지을 때는 가장 먼저 집터를 봤어요. 집터가 좋아야 집안에 좋은 일들이 생기고 후손들이 잘된다고 믿었으니까요. 집이란 건 한 번 지으면 몇십 년, 몇백 년을 사는 곳이잖아요. 그러니 아무 데나 지으면 큰일 나죠. 꼼꼼하게 이것저것 많이 따져 보면서 집 짓기 좋은 곳을 찾았어요.

땅에도 사람에게 이롭고 흉한 여러 가지 이치가 있다고 생각해서, 좋은 땅을 찾아 집을 짓거나 무덤을 만드는 것을 '풍수지리'라고 해요. 풍수지리로 보았을 때 집 짓기 가장 좋은 곳을 '배산임수'라고 해요. '산을 등지고 물을 바라보는 곳'을 가장 좋은 집터로 보는 거죠. 그래서 우리나라 사람들은 주로 산기슭에 집을 지었어요. 뒤로는 산이 있고 앞으로는 너른 땅이 펼쳐지는 곳을 좋아했어요.

**나무와 돌을 마련해요**

땅을 고르고 나면 집을 지을 나무를 마련해요. 우리나라 집은 거의 대부분을 나무로 짓는데, 나무로 만든 목재는 마르면서 줄어들기도 하고 뒤틀리기도 하고 갈라지기도 해요. 또 같은 나무라도 어떤 부분은 무르고, 어떤 부

분은 딱딱하죠. 나무 가운데 쪽과 바깥쪽의 성질이 다르기도 해요.

집을 지을 때는 원래 나무가 자라던 방향대로 남쪽 부분은 남쪽을 향하게, 북쪽 부분은 북쪽을 향하게 나무를 써요. 그렇게 하면 오랜 시간이 지나도 나무가 덜 갈라지거든요. 이렇게 나무의 여러 가지 성질을 잘 알아야 더 튼튼하고 오래가는 집을 지을 수 있어요.

집 짓는 나무로는 주로 소나무를 썼어요. 소나무를 베어 기둥은 기둥대로, 대들보는 대들보대로 모양을 다듬어 만들어요.

목수들이 나무를 베어 다듬는 사이, 석공들은 집 짓는 데 쓰일 돌을 캐 와요. 먼저 주춧돌로 쓸 돌을 마련해야 돼요. 주춧돌은 집에서 가장 중요한 기둥을 올릴 돌이지요. 또 방바닥에 까는 구들장 돌도 마련해야 돼요. 석공들은 여러 가지 돌을 캐 와서 집 모양에 맞게 쪼개고 다듬어요.

**땅을 다져요** 집 지을 땅을 골랐다고 해서 그 위에 바로 집을 지을 수 있는 것은 아니에요. 우선 높은 곳은 깎고 낮은 곳에는 흙을 쌓아서 전체적으로 평평하게 만들어야 해요. 땅을 평평하게 다듬고 나면 땅을 다져 줘요. 땅이 물렁물렁하면 집이 튼튼하게 서 있을 수 없으니까요. 특히 기둥이 들어설 자리는 꼭 웅덩이를 파고 흙을 채워 다졌어요. 땅 다지기는 '달고'라는 연장을 써서 해요. 그래서 '달고질'이라고 불러요. 큰 돌이나 나무로 땅을 내리쳐서 단단하게 만드는 거예요. 집터를 다질 때는 '개기식'이란 행사를 열기도 했어요. 집을 지을 터를 처음으로 연다는 뜻이에요.

### 기단을 올리고 기둥을 세워요

땅을 다진 다음에는 기단을 올려요. 집이 들어설 곳을 주변보다 높게 만드는 거예요. 그렇게 하면 땅에서 올라오는 습기를 막을 수 있고, 햇빛도 더 잘 들어오지요. 우리나라 전통 건축물은 다른 나라 집에 비해 기단이 높아요. 중국이나 일본의 집은 기단이 없거나 우리나라보다 낮아요.
그 다음에는 주춧돌을 땅에 묻고 그 위에 기둥을 세워요. 주춧돌 위에 기둥을 세울 때는 똑바로 세워졌는지 꼼꼼하게 확인을 해야 해요.

주춧돌, 기단

### 뼈대를 만들어요

이제 기둥 위에 대들보를 올려요. 가로세로 뼈대를 꼭 맞게 올려야 그 위에 지붕을 얹을 수 있어요. 나무 뼈대들은 못을 박아 연결하지 않고 나무에 홈을 파서 꼭 맞게 끼워 넣었어요. 레고 블록처럼 한쪽은 튀어나오게 만들고 다른 한쪽은 움푹하게 만들어 끼워 맞추면 못을 박아 연결하는 것보다 더 튼튼하답니다.
우리 옛집은 전체가 조립식이에요. 아래에서 위로 나무들을 착착 조립해 올라가요. 지붕을 만들기 전 마지막으로 조립하는 것이 종도리라는 커다란 나무예요. 종도리를 얹으면 뼈대 만들기가 끝나요.

대들보, 종보, 종도리

### 지붕을 올려요

나무를 조립해서 뼈대가 완성되면 그 위에 지붕을 올려요. 지붕 나무판 위에 흙을 반죽해 얹고 그 위에 기와를 이어요. 기와를 잇고, 벽을 메우고 칠해서 꾸미면 드디어 집이 완성됩니다!

### 집의 통과의례

집을 잘못 지으면 사람이 죽거나 다칠 수도 있어요. 그래서 집을 지을 때는 신경을 많이 썼어요. 우리 조상들은 집을 지을 때 여러 번 행사를 했어요. 집주인은 집이 제대로 잘 지어지길 빌고, 집짓는 사람들은 집을 잘 짓겠다고 다짐하는 행사들이지요.

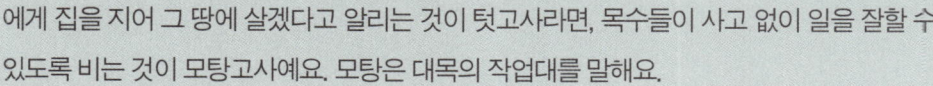
상량식을 열고 종도리를 올리는 모습

가장 먼저 하는 행사는 개기식이에요. 개기식을 할 때는 집주인이 하는 텃고사와 목수가 하는 모탕고사를 함께 지내요. 땅의 신에게 집을 지어 그 땅에 살겠다고 알리는 것이 텃고사라면, 목수들이 사고 없이 일을 잘할 수 있도록 비는 것이 모탕고사예요. 모탕은 대목의 작업대를 말해요.

주춧돌을 놓을 때는 '정초'라는 행사를 해요. 또 첫 번째 기둥을 올릴 때는 '입주식'을 열지요. 모두 집이 잘 올라갈 수 있도록 비는 거예요.

뼈대 만들기의 마지막 단계인 종도리를 올릴 때 '상량식'이란 행사를 해요. 상량식의 주인공은 목수들이에요. 목수들의 수고에 감사하고, 집 만드는 데 가장 중요한 기본 공사를 어느 정도 마친 것을 축하하는 행사지요.

## 08
### 옛날 학교, 향교

본본 아저씨는 재동초등학교의 예쁜 담장을 보고 반해 버려 한참을 그 자리에 서 있었어요. 마침 학교가 끝나고 아이들이 재잘거리며 쏟아져 나왔어요. 학교와 아이들을 힐끗힐끗 쳐다보던 아저씨에게 문득 궁금한 게 생겼어요.

'옛날 학교는 어떻게 생겼을까?'

아무리 돌아다녀도 옛날 학교를 본 적이 없었거든요. 생각할수록 궁금해졌어요. 호기심이 생기면 참지 못하는 본본 아저씨는 당장 인터넷 검색을 시작했어요.

'어디 보자, 조선 시대 학교는 향교라고 불렀네? 어라, 서원이란 학교도 있구나. 그럼 향교는 어디에 있지?'

아저씨는 전국에 있는 향교를 검색했어요. 경주, 의성, 나주, 영광, 수원, 양양, 서산, 강릉, 봉화, 밀양, 보은······. 향교는 셀 수도 없이 많았어요. 어디로 가야 할지 알 수가 없었어요.

'어디로 가야 하지? 에라, 모르겠다. 모처럼 멀리 가는데 맛있는 걸 먹을 수 있는 곳으로 가자!'

그래서 본본 아저씨는 전주향교에 가 보기로 했어요. 왜 전주냐고요? 전주는 비빔밥이 유명하잖아요. 아저씨는 아직 전주비빔밥을 못 먹어 봤거든요.

전주에 도착한 아저씨는 비빔밥부터 사 먹었어요. 노란색 놋그릇에 담겨 나오는 비빔밥을 쓱싹쓱싹 비빈 다음, 큼직하게 한 숟갈을 떠서 입안에 넣었어요. 너무 맛있어서 밥 한 톨 안 남기고 한 그릇을 깨끗하게 비웠지요.

　맛있게 점심을 먹고 난 아저씨는 이제 한옥마을로 갔어요. 한옥마을은 옛날에 지은 한옥들이 그대로 남아 있는 곳이에요. 한옥마을 끝에 바로 전주향교가 있거든요. 본본 아저씨는 산책하듯 한옥마을 골목골목을 돌아다니다 드디어 향교에 도착했어요. 향교는 냇물이 흐르는 산기슭에 자리 잡고 있었어요.

　그런데 향교로 들어가는 골목 앞에 어디서 많이 본 것이 서 있었어요.

　'이제 뭐더라? 문을 취재할 때 봤던 건데……. 아, 홍살문! 맞아, 신성한 곳에는 홍살문이 있다고 했었지? 그런데 왜 학교 앞에 이런 걸 세웠을까? 학교가 신성한 곳인가?'

　궁금해진 아저씨는 홍살문을 지나 향교로 들어섰어요. 그런데 향교에 들어간 아저씨는 그만 깜짝 놀랐어요. 왜냐고요? 향교가 너무 예뻤기 때문이에요.

전국에 똑같은 이름의 동이 여러 군데 있는 거 알아? 바로 '교동'이야. 내가 찾아간 전주 교동 말고도 강릉에도 교동이 있고, 수원에도 교동이 있어. 또 대구, 나주, 경주, 밀양, 공주, 제천, 춘천에도 교동이 있단다.

왜 이렇게 똑같은 이름을 가진 동네가 도시마다 있을까? 이곳은 모두 '향교'가 있던 동네여서 그래. 전주처럼 향교가 아직 남아 있는 곳도 있지만 사라진 곳도 많지. 동네 이름에만 향교가 남아 있는 거야.

학생들은 집을 빼고는 학교에 가장 오래 있잖아? 옛날 학생들도 향교에서 가장 많은 시간을 보냈어. 향교는 오늘날의 중학교와 고등학교를 합친 거라고 생각하면 돼. 조선 시대에는 전국에 200개 넘는 향교가 있었어. 또 '서원'이란 곳도 있지. 향교는 공립학교, 서원은 사립학교야. 둘 다 가르치는 것도, 생긴 것도 비슷해.

향교나 서원에는 공부하는 교실과 학생들이 사는 기숙사가 있어. 그리고 요즘 학교에는 없는 게 하나 있는데, 바로 사당이야. 우리나라와 중국의 유명한 학자들을 모시고 제사 지내는 곳이지. 조선 시대에는 유학을 가장 중요하게 가르쳤기 때문에, 학교에서 유학을 만든 학자들을 기리면서 존경했던 거야. 제사를 지내는 것도 공부의 하나였지.

전주향교 앞에는 홍살문이 있단다. 향교는 그 안에 사당이 있기 때문에 신성한 곳이야. 그래서 입구에 홍살문을 만들어 놓은 거지. 전국에 있는 향교와 서원은 거의 비슷하게 생겼어. 요즘 학교들도 초등학교나 중고등학교나

비슷비슷하게 생겼잖아. 교문에 들어서면 운동장이 있고, 학교 건물이 보이고, 강당이나 체육관이 있고.

향교에는 운동장이 없어. 대신 꼭 경치가 좋은 곳에 향교를 짓는단다. 학생들이 좋은 풍경을 보면서 마음을 편안히 갖고 공부를 더 열심히 할 수 있게 한 거야.

홍살문을 지나면 향교 정문이야. 그런데 향교 정문은 대개 누각으로 지어. 누각은 위층에 벽을 없애고, 지붕과 기둥만 남긴 집이야. 경치를 바라보기 좋게 지은 집이지. 누각은 보통 2층인데, 아래는 사람이 드나드는 문이고, 위

는 전망대처럼 되어 있어. 학생들은 2층에 모여서 잔치도 열고, 장기자랑도 하고, 서로 이야기도 나누었을 거야.

향교 안으로 들어가 볼까? 전주향교 입구는 문이 세 개야. 앞에 나왔던 '삼문'인 셈이지. 오른쪽이 들어가는 문, 왼쪽이 나오는 문이야. 그럼 가운데 문은 뭘까? 아까 향교 안에 제사를 지내는 사당이 있다고 했지? 가운데 문은 사람의 혼령이나 신이 다니는 문이야. 보통 때는 늘 잠가 두고 양쪽 문만 사용하고, 사당에 제사를 지낼 때 가운데 문을 열어 놓는단다.

자, 이제 사당을 살펴보자. 가운데 큰 집이 있고 양쪽에 길쭉한 집이 마주보고 있어. 가운데 있는 사당을 대성전이라고 해. 전국에 향교가 있는 동네가 모두 교동인 것처럼, 향교에 있는 사당은 모두 대성전이라고 불러. 전주향교는 이 대성전 앞마당이 아주 기가 막히게 아름다워. 넓지 않으면서도 확 트여 있어서 보기만 해도 시원해지지. 그리고 왠지 저절로 엄숙해지기도 해. 제사를 지내는 곳이니까, 일부러 그렇게 느끼도록 집을 지은 거야. 복잡하고 화려하게 꾸민 곳에 가면 마음도 들뜨고 정신없어지잖아? 거꾸로 아주 깔끔하고 단순하게 꾸민 곳에 가면 마음이 차분해지고 정신을 가다듬게 되지. 그래서 제사를 지내는 대성전 주변을 이렇게 차분하게 꾸며 놓은 거야. 가운데 돌길을 내고, 양쪽에는 커다란 은행나무를 두 그루 심었어.

이제 학생들이 배우는 학교 마당으로 들어가 볼까? 학교 건물도 앞에서 봤던 사당과 비슷하게 생겼어. 가운데에 학생들이 공부하는 큰 건물이 있고,

　양쪽에 길쭉하게 기숙사가 있지. 그리고 여기에도 은행나무 두 그루가 서 있어. 수백 년이 넘은 아주 큰 나무들이지. 옛날에 공자는 은행나무 아래서 제자를 가르쳤대. 그래서 향교에는 은행나무를 심는 전통이 생겼어. 전주향교에 있는 은행나무들은 모두 나이가 400살이나 되었대.

　학생들이 수업하는 큰 건물을 명륜당이라고 해. 그러니까 향교에 있는 모든 교실의 이름은 다 명륜당이야. 조선 시대 학교 중에서 가장 큰 학교가 서울에 있는 성균관이었어. 요즘으로 치면 대학교인데, 성균관의 명륜당이 전국에서 가장 커. 그래서 성균관이 있는 동네 이름은 명륜동이란다.

전주향교 명륜당

전주향교 기숙사

대성전이 있는 마당은 무척 조용한 느낌을 주지만, 학생들이 공부하는 명륜당이 있는 마당은 느낌이 조금 달라. 좀 더 편안한 느낌이지. 하지만 한편으로는 명륜당 역시 대성전처럼 사람을 차분하게 만드는 곳이야. 옛날 학교는 요즘 학교처럼 막 신나게 떠들고 뛰어다니는 곳이 아니라 아주 엄숙하고 엄격한 곳이었거든. 방정맞게 뛰어다니고 까불면 안 되는 곳이었지. 향교는 학생들에게 편안하고 아늑한 느낌과 엄숙한 느낌을 함께 주도록 지었단다.

그런데, 학생들이 생활하는 건물치고는 크기가 너무 작지? 요즘 학교에 비하면 무척 작아. 옛날에는 누구나 학교에 가지 못했어. 여자들은 집에서 공부를 하고, 남자들만 학교에 갔어. 조선 시대는 '남녀칠세부동석'이라고 해서 남자와 여자가 서로 어울리지 못했거든. 그리고 학생 수도 정해져 있었어. 아주 큰 동네 향교는 90명, 작은 동네 향교는 30명이었지. 그래서 건물도 작게 지은 거야.

다른 지방으로 나들이 갈 때 근처에 향교가 있으면 꼭 한번 들러 봐. 요즘 우리가 다니는 학교와는 많이 다르지만 생각보다 예쁘고 근사해서 깜짝 놀랄 거야. 향교나 서원은 다른 옛 건물에 비해 구경하기도 편하고 앉아서 쉬기도 좋은 곳이야.

참, 향교나 서원에 가면 잊지 말고 입구 누각에 올라가 봐. 옛날 학교는 다들 경치 좋은 곳에 지었기 때문에, 누각에서 내려다보면 정말 멋지거든. 누각은 올라가서 쉬라고 만든 건물이니, 편하게 앉아서 쉬어 보자고!

누각에 올라서 바람을 쐬면서, 옛날 학생들이 그곳에서 무슨 이야기를 했을지 한번 상상해 봐. 아마 조선 시대 학생들도 '너 시험 잘 봤니?' '숙제 다 했어?' 이런 이야기를 하지 않았을까? 그래도 옛날에 태어나지 않은 게 정말 다행이야. 조선 시대에는 교과서를 몽땅 외워서 시험을 봤다지 뭐야.

### 선생님이 직접 설계한 학교

요즘 사람들은 자기가 살 집을 직접 설계하지 않아요. 대부분은 집을 지어서 파는 사람들이 설계한 거지요. 하지만 옛날에는 자기가 살 집, 자기가 사용할 건물을 직접 설계하는 사람들이 많았어요. 학생이 많으면 서재나 공부방을 크게 만들고, 식구 중에 여자가 많으면 안채를 더 넓게 만드는 거죠. 그러니까 옛날에는 누구나 건축가였던 거예요. 돈이 많으면 자기가 설계한 집을 전문가에게 지어 달라고 했고, 돈이 없으면 자기가 생각한 모양대로 스스로 지었어요.

옛날 학교인 서원도 선생님들이 직접 설계해서 지은 곳들이 많아요. 우리나라에서 가장 유명한 서원인 도산서원도 마찬가지예요. 도산서원은 조선 중기의 학자 퇴계 이황을 기리기 위해 후손들이 만든 학교예요. 이황은 한국 철학에 큰 획을 그은 유명한 학자입니다. 호가 퇴계여서 퇴계 선생이라고도 불러요.

처음에는 퇴계 선생이 직접 건물을 설계해서 도산서당이란 학교를 열었는데, 학생들이 많이 배우러 오면서 유명해졌어요. 나중에는 아주 커다란 서원이 되면서 건물들이 많아졌지요.

도산서당

농운정사

지금도 도산서원에 가면 이황 선생이 처음 설계해 지은 도산서당과 농운정사가 남아 있어요. 도산서당은 아주 작은 집이에요. 꾸민 것도 없고 깨끗해서 이 집을 지은 퇴계 선생이 얼마나 검소한 분인지 절로 느끼게 돼요. 퇴계 선생은 이 집에서 학생들에게 공부를 가르쳤어요. 도산서당에서 공부하는 학생들이 살던 기숙사가 바로 옆에 있는 농운정사예요. 농운정사도 퇴계 선생이 직접 설계한 집이에요. 이 집은 생긴 모습이 아주 독특해요. 집을 위에서 보면 '공(工)'자 모양이에요. 모양이 다른 집보다 복잡하고 창문도 아주 많아요. 왜 '공'자 모양으로 지었을까요? 공부(工夫)를 열심히 하라는 뜻에서이지요. 공부를 정말 열심히 하게 될 것 같죠?

# 09
# 정겨운 읍성

본본 아저씨는 매주 기사를 쓰느라 무척 바빴어요. 신문 기사에는 전통 건축의 아름다움을 잘 느끼게 해 줄 사진도 실어야 해요.

아저씨는 좋은 사진을 구하려고 수소문을 하다가 사진가 채채 선생님을 만났어요. 채채 선생님은 사진 중에서도 건축 사진만 찍는 건축 전문 사진가예요. 사진관에 가면 사람 얼굴을 가장 예쁘고 보기 좋게 찍어 주잖아요? 채채 선생님은 사람이 아니라 건물을 아름답게 찍는 일을 해요. 건물은 어떻게 찍느냐에 따라 훨씬 더 멋있어 보일 수 있거든요. 사진가가 자신만의 눈으로 건물을 보고 어디가 가장 잘생겼는지, 어떻게 바라보면 더 멋있는지 잘 찾아내면 더 멋진 사진이 나오는 거죠.

어느 날 채채 선생님은 전라남도 순천 낙안읍성에 사진을 찍으러 간다고 귀띔을 했어요. 그러자 본본 아저씨가 당장 따라나섰죠. 사진가를 따라가면 분명히 멋진 집들을 만날 것 같았거든요.

또 하나, 순천 근처에서 꼬막을 먹으려는 속셈도 있었죠. 본본 아저씨는 전주비빔밥을 먹은 뒤부터 취재를 가서 맛있는 음식을 먹는 재미에 푹 빠져 버렸거든요. 꼬막은 순천 부근에서 많이 잡히는 맛있는 조개예요.

"그런데 채채 선생님, 낙안읍성이 뭐하는 곳이에요?"

꼬막 생각만 하고 있던 본본 아저씨는 어디에 가는지도 잊어버릴 뻔했어요.

"읍성은 옛날에 있던 성을 말해요. 옛날엔 동네마다 읍성이 있었어요."

"동네마다 성이 있었다고요? 그럼 굉장히 많이 있을 텐데, 저는 한번도 못 봤어요. 우리나라에 읍성이 몇 개나 있어요?"

"지금 남아 있는 것은 몇 개 없어요. 사람들이 새로 집을 지으면서 거의 다 허물어 버렸거든요. 또 일제 강점기에 일본 사람들이 많이 부숴 버리기도 했고요."

"저런, 읍성이 많이 남아 있으면 좋았을 텐데……."

"그러게 말이에요. 읍성은 가 보면 아주 재미있어요. 옛날 동네 모습을 엿볼 수 있거든요. 옛날 동네는 요즘 동네하고는 많이 달랐어요."

그러고 보니 옛날 동네는 어떻게 생겼을까 궁금해졌어요.

'지금처럼 수퍼마켓이나 은행 같은 건 없었겠지? 시청이나 구청 같은 건 없었을까?'

호기심이 생긴 본본 아저씨는 얼른 읍성에 가 보고 싶었어요.

"본본 씨, 다 왔어요. 이제 내립시다."

"어, 벌써 순천에 다 왔어요?"

"아뇨, 여긴 순천 옆 벌교라는 곳이에요. 아까 꼬막 먹고 싶다고 했죠? 벌교는 꼬막이 아주 유명해요."

벌교 꼬막을 푸짐하게 먹은 두 사람은 배를 두드리며 낙안읍성으로 향했어요. 얼마 안 가 멀리서, 옹기종기 모여 있는 초가집들이 보이기 시작했어요.

서양에는 성이 많이 있어. 돌로 성벽을 쌓고, 중간중간 총구멍을 뚫어 놓은 성을 아마 많이 봤을 거야. 그럼 우리나라에는 성이 없었을까? 우리나라에도 성이 아주 많았단다. 특히 다른 나라에는 없는 우리나라만의 성이 있었지. 바로 '읍성'이란 거야.

조선 시대에는 읍성을 아주 많이 지었어. 전쟁이 벌어졌을 때 백성들을 보호하기 위해서 많이 지은 거야. 성안에 들어가면 난리를 피할 수 있었거든. 평상시에는 읍성 바깥에서 농사를 짓고 살다가, 전쟁이 터지면 성안으로 들어와 함께 적을 막았지.

낙안읍성

이런 읍성이 전국에 200여 곳 있었어. 조금 큰 마을은 거의 다 읍성을 갖추고 있었지. 조선을 '성의 나라'라고 할 정도였어.

그런데 이 많던 읍성이 지금은 거의 다 사라져 버렸으니, 참 안타까워. 그래도 다행히 낙안읍성, 경주읍성, 고창읍성, 홍주읍성, 언양읍성, 장기읍성 등이 남아 있단다. 그중에서도 가장 잘 보존되어 있고, 아직 사람들이 그 안에 살고 있는 읍성은 낙안읍성이야.

낙안읍성에 들어가면 조선 시대 마을에 들어간 것 같은 느낌이 들어. 성벽을 아주 튼튼하게 잘 쌓았지. 그런데 누가 이렇게 성벽을 쌓았을까? 조선의 유명한 장군인 임경업 장군이야. 임경업 장군은 백성들로부터 존경을 아주 많이 받았대. 사람들은 '임경업 장군님이 쌓은 성벽을 함부로 손대면 안 된다'며 잘 보존해서 지금까지 이렇게 상한 곳 없이 남아 있게 된 거야.

우리나라 읍성의 모습은 대개 비슷비슷해. 돌로 쌓은 성벽 안에 백성들의 집, 그리고 관리들이 일하는 관청이 있어. 관청으로는 '객사'와 '동헌'이 대개 함께 있었지.

객사는 읍성에서 가장 중요한 집이야. 임금님이 보낸 신하가 와서 머무는 곳이었거든. 객사에서는 한 달에 두 번씩 임금님이 계신 서울을 향해 절을 하는 행사를 했어. 그래서 읍성에서 가장 좋은 자리에 아주 정성껏 지었지.

동헌은 그 고을을 다스리는 수령이 일하는 집이야. 지금으로 치면 시청이나 구청이라고 할 수 있지.

낙안읍성 객사

낙안읍성 동헌

객사와 동헌처럼 중요한 건물 앞에는 큰길을 냈어. 성문 앞에서 이어지는 큰길이지. 길을 넓게 만든 이유는 거기서 시장을 열었기 때문이야. 조선 시대에는 대형 마트나 슈퍼마켓 대신 닷새마다 한 번씩 물건을 파는 시장이 열렸어. 이걸 '오일장'이라고 불렀지.

읍성에 오면 꼭 성벽을 둘러봐야 돼. 성벽의 생김새는 안과 밖이 달라. 바깥에선 적들이 올라오지 못하게 가파르게 만들었지만, 안쪽에선 쉽게 올라갈 수 있게 비스듬히 쌓았지. 성벽은 생각보다 두꺼워서, 성벽 위로 올라가면 제법 넓은 길이 만들어지지. 이 성벽 위를 한 바퀴 걸어 보면 아주 재미있단다. 위에 올라가면 성 바깥과 성 안이 한꺼번에 다 보여. 초가집 지붕들이 옹기종기 모여 있는 모습이 정말 정겨워. 옛날 동네 모습이 어땠는지 알 수 있겠지?

그런데 옛날 사람들은 왜 그렇게 성을 많이 쌓았을까? 그건 그만큼 쳐들어

오는 적이 많았다는 얘기야. 읍성이 있는 곳을 보면 바다하고 가까운 곳들이 많아. 일본 해적들이 바다를 통해 들어와 사람들을 죽이고 물건을 빼앗아가는 일들이 아주 많았거든.

그러다가 조선 시대 말에는 일본이 우리나라를 아예 빼앗으려고 했지. 그때 전국의 백성들이 나라를 지키려고 군대를 만들어 일본군과 싸웠어. 이렇게 군인이 아닌데도 나라를 위해 싸운 사람들을 '의병'이라고 해. 의로운 병사들이란 뜻이지. 의병들이 전투를 할 때면 주로 읍성에 들어가 싸웠단다.

일본군은 더 좋은 무기를 들고 있었지만, 우리 의병들은 곳곳의 튼튼한 읍성을 방패 삼아 일본군을 무찌를 수 있었지. 의병들에게 혼쭐이 난 일본군은 아예 읍성을 헐어 버리기 시작했어. 그 바람에 전국에 있던 많은 읍성들이 사라지고 만 거야. 그 뒤로는 의병들도 더 이상 일본군과 싸우기가 쉽지 않았지.

　일본이 조선을 집어삼키고 난 뒤에는 더 많은 읍성을 없애 버렸어. 우리나

라 도시를 자기네 마음대로 바꾸기 위해서였지.

　우리가 읍성에 대해 잘 모르는 것은 그런 아픈 역사 때문이야. 다행히 낙안읍성은 거의 옛날 모습 그대로 남아 있어. 그래서 더 소중한 곳이지.

궁금하니?

### 똑똑한 방어 시설 수원 화성

낙안읍성 말고 꼭 가 봐야 할 읍성이 '수원 화성'이에요. 수원 화성은 우리나라에서 가장 아름다운 성이랍니다. 앞에서 기와로 만든 아름다운 담장 영롱장이 있는 성이라고 잠깐 소개했었죠? 수원 화성은 우리나라 읍성 가운데 가장 공들여 지은 읍성이에요.

수원 화성은 정약용이라는 학자가 지었어요. 정약용이 발명한 기계, 거중기를 이용한 것으로도 유명하지요. 또 수원 화성에는 전쟁에 대비하는 여러 가지 신기한 장치들이 많아요. 다른 곳에서는 볼 수 없는 독특한 건물들이 많은 아름다운 성이지요.

화성의 북문이자 정문인 장안문

기름이나 물로 적을 공격하는 구멍

두 겹의 성문으로 건물을 보호하는 옹성

성곽 주변을 감시하고 방어하는 공심돈

화성의 북쪽 수문인 화홍문

대포와 총으로 적을 막는 포대

## 천주교의 성지 해미읍성

해미읍성은 충청남도 서산에 있어요. 아쉽게도 성안에 있던 건물들이 거의 다 없어지고 몇 개밖에 남지 않았지요. 대신 튼튼하게 쌓은 성벽은 잘 남아 있어요. 성벽에 올라서 천천히 걸어 보면 기분이 정말 시원해져요.

해미읍성의 바깥 모습

완만하게 쌓아올린 성벽 안쪽

해미읍성 안에는 우리나라에서 가장 슬픈 나무와 가장 재미있게 생긴 나무가 있어요. 가장 슬픈 나무는 호야나무라는 키 큰 나무예요. 우리나라에 천주교가 처음 들어왔을 때, 나라에서는 천주교를 금지하고, 이 종교를 믿는 사람들을 벌하고 죽이기까지 했어요. 천주교에서는 임금님이나 조상님보다 하느님이 더 높다고 하니까 그냥 놔둬선 안 되겠다고 생각한 거죠. 해미읍성 호야나무는 천주교를 믿는 사람들을 매달아 놓고 몽둥이로 마구 때리던 나무예요. 그래서 이 나무에는 그때 사람들을 매달았던 자국이 아직도 남아 있어요. 정말 슬프고 끔찍한 일이죠? 그런데도 사람들은 죽음을 두려워하지 않고 계속 하느님을 믿었고, 그런 사람들이 너무 많아지니까 결국 나라에서도 결국 천주교를 믿는 것을 허락해 주었어요. 종교의 자유를 얻기까지 많은 사람들의 목숨이 필요했다는 걸 말해 주지요.

호야나무

호야나무 뒤의 소나무 숲으로 들어가면 작은 벤치에 그늘을 드리워 주는 키 작은 나무가 하나 있어요. 마치 햇빛 가려 주는 양산처럼 재미있게 생겼지요.

양산나무

# 10
# 아름다운 정원

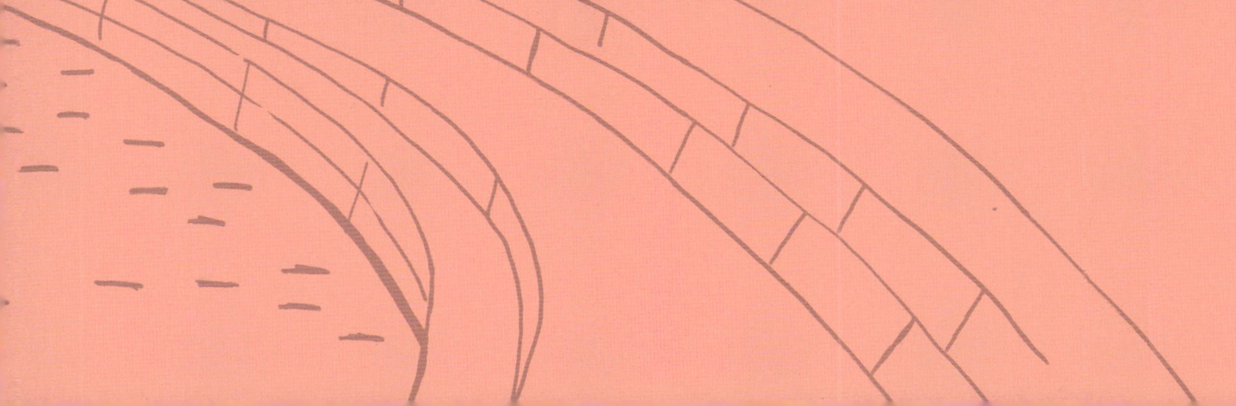

요즘 본본 아저씨는 한옥이 사랑스러워 보이기 시작했어요. 처음에는 한옥이 다 똑같아 보였어요. 그런데 건축 전문가들한테 한옥에 대해 배우며 자꾸 찾아가 구경해 보니, 집마다 조금씩 다른 것들이 보였어요. 또 전에는 몰랐던 것들을 하나 둘 알게 되었죠. 그렇게 새로 배운 이야기를 아저씨는 매주 기사로 써서 신문에 실었어요.

어느새 아저씨가 처음 지붕 기사를 쓴 지 석 달이 되었어요. 아저씨는 전에 이렇게 열심히 일해 본 적이 없었어요.

'야, 신기하다. 재미있는 일을 하니까 정말 시간이 잘 가는구나. 옛날에 시험공부 할 때는 참 느리게 가던 시간이 만화책 볼 때는 빨리빨리 잘 가는 거랑 똑같네?'

아저씨가 쓴 기사는 아주 인기가 좋았어요. 사람들이 한옥에 대해 궁금해하는 것들을 쉽게 설명해 줬으니까요. 이 일을 맡겼던 문화부 부장님도 덜렁대던 본본 아저씨가 좋은 기사를 썼다고 칭찬해 주었어요.

"본본 씨, 그거 봐. 내가 전통 건축 이야기를 써 보면 재미있을 거라고 했잖아! 이제 벌써 마지막 회인데, 이번에는 뭘 쓸 거야?"

"뭐요? 벌써 마지막이라고요?"

"원래 이 기사는 10회로 기획된 거야. 몰랐어? 그 다음 주부터는 '한국의 글쟁이들'이라는 기사가 연재 될 거야."

한옥을 보러 다니는 재

미에 끝나는 시간도 잊고 있었던 거예요. 아저씨는 마지막 이야기로 무엇을 쓸지 좀처럼 생각이 나지 않았어요.

"본본 씨, 지금 가을이잖아! 가을에는 단풍이 들고 경치도 좋아서 사람들이 아름다운 곳에 가고 싶어 해. 아름다운 정원 이야기를 쓰면 어떨까? 꽃도 피고 단풍이 알록달록한 한옥의 마당 말이야."

"와, 그거 좋겠어요! 부장님은 정말 천재예요. 저를 괴롭힐 땐 악당 같은데 정말 아이디어가 많으세요."

"그럼, 내가 원래 머리가 좀 좋지, 흐흐흐……. 잠깐, 뭐? 악당?"

"헉, 아름다운 정원으로 취재 다녀올게요!"

부장님이 눈을 부릅떴을 때 아저씨는 이미 카메라를 들고 문 밖으로 뛰어가고 있었어요. 부장님은 그 모습을 보면서 혼자서 씩 웃었어요.

사람들은 누구나 아름다운 것을 좋아해. 그래서 방안도 예쁘게 꾸미고 마당이나 뜰도 보기 좋게 만들려고 하잖아? 잘 가꾼 정원을 보면 누구나 기분이 좋아지거든.

정원은 사람들이 자연 속에서 아름답다고 생각하는 것들을 모아다가 꾸민

예쁘게 꾸미기보다는 바쁜 일터였던 한옥의 마당

곳이야. 그러니까 자기가 좋아하는 대로 자연을 만들어 내는 거야.

 사실 한옥은 대부분 정원이 없어. 아무리 근사한 기와집도 마당은 아무것도 꾸미지 않고 그냥 텅텅 비워 놓아. 담장 옆에 나무나 꽃을 심는 게 고작이지.

 그건 다 이유가 있어서야. 마당은 원래 예쁘게 꾸미는 곳이 아니라 비워 놓는 곳이야. 우리 조상들은 대부분 농사를 지었기 때문에 마당에서 갖가지 농사일을 했어. 곡식을 다듬고, 고추 같은 것들을 말리고, 타작도 해야 하는데 이런 일들을 하는 곳이 바로 마당이었어. 일을 하려면 비워 놓아야 하잖아.

 마당은 농사일만 하는 곳이 아니라 중요한 행사를 치르는 곳이기도 해. 옛날에는 결혼식도 집에서 했고, 장례식도 집에서 했어. 마당에 천막을 쳐서 햇빛을 가리고 손님들에게 음식을 대접하는 거야. 그러니까 우리나라 마당은 외국 정원처럼 예쁘게 꽃 가꾸고 잔디 심어서 보고 즐기는 곳이 아니라, 여러 가지 일을 하는 곳이었던 거야.

 그러면 우리나라에는 정원이 전혀 없었을까? 물론 그럴 리 없지. 누구나 예쁜 경치 보는 것을 좋아하잖아. 우리 조상들은 집 뒤로 펼쳐진 언덕과 산속 경치 좋은 곳들을 정원으로 삼았어. 사람 손으로 만든 자연을 집 안에 들여

강원도 삼척에 남아 있는 조선시대 정자, 죽서루

놓기 보다는 진짜 자연을 자주 찾아가 아름다움을 즐겼지.

그리고 주변 경치 좋은 곳에다가는 자연 정원을 즐기는 집을 따로 만들어 놨어. 그게 바로 누각과 정자야. 누각과 정자는 구경하기 좋게 벽을 만들지 않거나 창문을 아주 크게 해 놓은 뻥뻥 뚫린 집이야. 커다란 것이 누각이고, 작은 것이 정자라고 생각하면 돼. 누각은 'ㅇㅇ루', 정자는 'ㅇㅇ정'이라고 이름을 붙여.

아름다운 자연을 보고 싶을 때는 누각이나 정자에 모여서 풍경을 보면서 시도 짓고, 음식도 가져다 먹었어. 그래서 우리나라 구석구석 아름다운 곳에는 꼭 정

경상북도 예천의 초간정은 주변의 아름다운 자연과 어우러져 멋진 경치를 만들어 냈어.

자와 누각이 있었어. 넓은 자연이 곧 정원이고, 누구나 정자나 누각에 가서 자연 정원을 즐기면서 살았던 거지. 지금도 경치가 좋은 곳에는 이런 누각과 정자가 많이 남아 있어.

우리 조상들이 마당을 비워 놓는다고 해서 집을 전혀 꾸미지 않았던 건 아니야. 앞마당 대신 집 뒤쪽에 돌을 계단처럼 쌓아서 꽃과 작은 나무를 심는

화단을 만들었어. 이런 계단 정원을 '화계'라고 하는데, 큰 기와집이나 궁궐에 가면 집 뒤쪽에 이런 화계가 많아.

궁궐이나 큰 부잣집에서는 마당 말고 따로 정원을 만들기도 해. 이렇게 정원을 만들 때에도 우리 조상들은 화려하지 않고 자연스러운 정원, 꾸민 티가 나지 않으면서도 보기 좋은 정원으로 꾸미기를 좋아했어. 그래서 우리나라는 자연이 정원이고, 정원이 아주 자연스러운 나라야.

그러면 다른 나라 정원들은 어떻게 생겼는지 한번 볼까? 나라마다 집 짓는 법과 집 모양이 다른 것처럼 정원도 다 달라.

영국하고 프랑스는 서로 마주 보고 있는 이웃나라야. 그리고 두 나라 모두 정원이 예쁘기로 유명해. 그런데, 정원 모양은 딴판이란다.

프랑스 정원은 그림처럼 예뻐. 정원에 심은 풀과 나무들을 가지고 레고 조

화려하고 정교한 맛이 있는
프랑스 베르사유 궁전의 정원

각을 맞추듯 아주 반듯반듯하게 모양을 만들었어. 나무들은 가위로 잘라서 뿔처럼 다듬고, 꽃과 풀을 무늬 모양으로 줄맞춰서 심어. 그리고 이런 풍경이 아득하게 먼 곳까지 쫙 펼쳐지도록 아주 넓게 정원을 만드는 거야.

이렇게 아주 화려하게 꾸민 정원을 '바로크 정원'이라고 불러. 프랑스에서 가장 큰 궁전인 베르사유 궁전 정원이 가장 유명한 바로크 정원이야.

영국 정원은 프랑스와 반대야. 나무들을 줄지어 심지 않고 자연스럽게 땅 모양에 맞게 심어. 화려하게 꾸미지 않아 자연스럽지. 그런데도 자세히 보면 구석구석 정성껏 꾸며 은근히 아름다워. 이런 영국식 정원을 '풍경식 정원(픽처레스크 정원)'이라고 불러.

나라마다 정원 생김새가 다른 이유는 정원을 꾸미는 생각이 다르고 정원을 만드는 이유가 다르기 때문이야.

자연스러운 아름다움이 돋보이는 영국의 정원

131

화려한 베르사이유 궁전은 프랑스 왕이 신하들에게 보여 주려고 만든 정원이었어. 그래서 보는 사람의 기를 죽이게 화려하고 웅장하게 만들었어. 왕이 얼마나 힘이 센지 보여 주려는 거지. 그래서 보는 순간 정말 대단하다고 감탄할 정도야. 하지만 자연을 너무 자르고 꾸며서 좀 부담스럽고 억지스럽기도 해.

영국식 정원은 프랑스 정원하고는 아주 달라. 영국 사람들은 아름다운 자연 속에서 편안하게 쉬어야 몸도 정신도 건강해진다고 생각해. 아름다운 풍경을 보면 속상했던 마음도 풀리고, 몸도 좋은 기운을 받아 건강해진다고 믿었어. 그래서 사람이 가장 편안하게 느끼는 자연 스러운 정원을 만든 거야.

우리나라 정원은 화려하고 독특하게 꾸미기보다는 자연스러움을 즐겼으니까 영국 정원과 비슷하다고 할 수 있겠지. 그런데 우리 이웃나라인 중국하고 일본의 정원은 우리하고도 아주 달라.

중국 사람들은 정원 꾸미기를 아주 좋아해. 아름다운 자연 속 모습을 자기 집안에 그대로 꾸며 놓기를 즐기지. 연못도 파고, 아주 조그만 산도 만들고, 온갖 다양한 나무들을 아기자기하게 심고, 신기하게 생긴 돌들도 가져다 놓는 거야. 그래서 중국 정원은 화려하고 복잡하면서 아름다워.

일본 정원은 아주 깔끔해. 일본 사람들은 정원이 깊고 조용한 마음씨를 보여 줘야 한다고 생각해. 그래서 세계에서 일본에만 있는 아주 재미있는 정원을 만들어 냈어. 바로 '가레산스이'란 정원이야. 이 정원은 돌과 물이 어울리

화려하게 꾸민 중국의 정원

단순함 속에 깊은 뜻을 담은 일본의 정원

는 풍경을 물 없이 보여 주는 거야. 바닥에 물 대신 모래를 곱게 깔고 그 위에 돌을 놓아서 물 위에 섬이 떠 있는 것처럼 꾸미는 정원이야. 아주 머리를 잘 썼지?

그리고 일본 사람들은 정원에 차를 마시는 방, 대나무 숲, 돌로 만든 등, 디딤돌 등을 놓는 것을 좋아해. 그래서 마치 자연을 조그맣게 줄여서 마당 속에 가져다 놓은 것 같아.

어때? 사람마다 좋아하는 색깔이 다른 것처럼, 나라마다 좋아하는 정원도 다 다르지? 정원에는 그 나라 사람들이 좋아하는 것, 좋아하는 생각이 다 들어 있어.

정원

궁금하니?

**네모난 우리 연못**

중국과 일본의 연못은 모양이 일정하지 않지만, 우리나라 연못은 네모반듯하게 만들었어요. 그리고 안에는 대개 동그란 섬을 만들었지요. 옛날 사람들은 하늘은 네모나고 땅은 둥글다고 생각했거든요. 작은 연못이지만 그 안에 우리가 사는 세상의 모양을 담으려고 한 거예요.

창덕궁의 네모난 연못, 부용지

낙안읍성의 초가지붕 정자

**노는 정자, 일하는 정자**

정자와 누각은 양반들이 많이 지었어요. 옛날 양반들은 대개 농민들에게 땅을 빌려 주는 대신 농사지은 곡식을 받아서 먹고 살았어요. 일을 하지 않고 놀러 다닐 수가 있었으니, 누각과 정자를 많이 만들었겠지요.

경치 좋은 곳에 짓는 양반들의 정자 말고 또 다른 정자가 있어요. 열심히 일하는 백성들의 정자지요. '모정'이라는 정자인데, 경치 즐기는 기와지붕 정자와 달리 초가지붕 정자예요.

마을에서 가장 크고 신성한 나무가 있는 곳에 이 모정을 지었는데, 지금으로 보면 동사무소 같은 곳이었어요. 여기 모여서 마을 회의도 하고, 마을에서 나쁜 짓을 한 사람이 있으면 불러다 놓고 꾸짖고 혼도 냈다고 해요.

경치 좋은 곳에 짓는 정자들은 보통 멀리 바라보기 좋은 곳에다가 지었어요. 그래서 전쟁이 터지면 장군이 전투를 지휘하는 곳이 되기도 했지요.

*창덕궁은 정자 백화점이래*

궁궐 속에도 누각과 정자가 있어요. 궁궐은 임금님이 사는 곳이니까 우리나라에서 정원을 가장 아름답게 꾸미는 곳이에요. 그래서 임금님이 쉴 수 있는 정자도 많이 지었어요.

우리나라에서 가장 예쁜 정원으로 꼽을 수 있는 곳은 바로 창덕궁 후원이에요. 세계문화유산으로 지정되기도 한 창덕궁은 궁궐 뒤쪽에 아주 넓고 아름다운 정원을 가지고 있어요. 왕과 왕비들의 휴식처로 만든 후원이지요. 이곳에 가면 구석구석에 예쁜 정자들이 숨어 있어요. 특히 왕실의 도서관인 주합루에서는 연못과 정자가 어우러지는 예쁜 풍경을 바라볼 수 있지요. 아름다운 우리나라 정원과 경치를 즐기려면 서울 창덕궁으로 가 보면 됩니다.

주합루와 부용정

농사의 중요성을 일깨우려고 지은 청의정

곤방감정

존덕정

135

**에필로그**

## 집이란 무엇일까요?

본본 아저씨와 함께 떠난 한옥 취재 여행은 이렇게 끝이 났어요. 우리나라 전통 집이 어떤 것인지, 한옥은 어떤 것들로 이루어져 있는지 이제 좀 알 것 같지요? 본본 아저씨도 처음에는 우리 집에 대해 잘 몰랐지만, 이젠 한옥 박사가 다 되었어요. 한옥이 왜 좋은 집인지 알게 되면서, 한옥을 좋아하게 되었지요.

요즘엔 한옥에 살고 있는 사람이 그리 많지 않아요. 한옥이 점점 사라지면서 우리 고유의 집에 대해서 잘 모르는 사람들이 많아요. 또 우리 건축에 대한 오해도 많고요.

자금성 태화전

중국의 궁궐 쯔진청(자금성)에 가 보면 그 거대한 규모에 눈이 휘둥그레져요. 중국은 저렇게 큰 궁궐을 지었는데 우리나라 궁궐은 왜 이렇게 작을까 궁금해지지요. 중국에는 또 세계에서 가장 긴 성인 만리장성도 있지요. 그에 비하면 우리 읍성은 너무 작아서 창피하게 느껴진다는 사람도 있어요.

경복궁 근정전

그런데 이건 우리 건축에 대해서 잘 모르고 하는 얘기랍니다. 우리나라 궁궐은 결코 작지 않아요. 경복궁과 창경궁, 창덕궁은 사실 서로서로 연결되어 있었어요. 이걸 다 합치면 굉장히 큰 규모지요. 중국처럼 궁궐이 큰 나라는 몇 나라뿐이에요. 일본의 황궁도 건물이 몇 개 되지 않지요.

그리고 궁궐을 크게 지었다는 건 그만큼 백성들을 고생시켰다는 이야기예요. 진짜 백성을 아끼고 사랑하는 왕들은 함부로 건물을 크게 짓지 않았어요. 옛날 중국에서는 자금성이나 만리장성을 짓느라고 사람들이 어마어마하게 많이 죽었어요. 왕이 그만큼 자기 백성을 하찮게 생각하고 함부로 일을 시켰던 거예요. 만리장성을 지은 진나라는 성을 짓는 데 너무 많은 돈을 쓰고 공을 들이는 바람에 결국 망했어요.

그러니까 크고 높다고 좋은 건물이라고 여기는 건 참 바보 같은 생각이에요. 뭐든지 알맞게, 그리고 사람이 살기 편하면서도 아름다운 건물. 그게 가장 좋은 건축이지요. 그런 점에서 한옥은 좋은 건축이에요.

한옥이 소중한 이유는 우리나라에 가장 알맞게 지은 과학적인 집이기 때문이에요. 한옥은 추운 겨울과 더운 여름을 번갈아 날 수 있게 온돌과 마루를 합쳤어요. 또 쉽게 구할 수 있는 재료인 나무로 지으면서도, 지붕 처마를 길게 만들어 비가 많이 오는 날씨에도 살기 편하지요. 그리고 흙으로 벽을 만들었기 때문에 비가 많이 올 때는 물기를 빨아들여 주고, 날씨가 건조해지면 흙속에 있던 물기가 바깥으로 나와 습기를 조절해 줘요.

요즘 한옥이 다시 인기를 얻고 있어요. 서양식 건물에 살아 보니 편리하고 좋은 점도 있지만, 때로는 한옥보다 못한 점도 많다는 것을 깨달았기 때문이에요. 특히 아파트는 사람들이 살기 좋은 집으로 지은 것보다는 비싸게 팔기 좋게 지은 것들이 대부분이에요. 그리

한옥으로 지어 인기를 얻은
혜화동 주민센터

한옥 호텔 라궁

고 자기가 직접 집을 손보고 가꾸면서 살 수도 없지요. 한옥은 작아도 마당을 둘 수 있고, 사는 데에는 조금 불편해도 집을 직접 꾸미면서 사는 재미가 있어요. 또 한옥은 나무나 흙 같은 천연 재료를 사용해서 지어요. 그래서 몸에도 이롭고, 보기에도 아름답지요. 점점 한옥을 짓는 사람들이 많아지고 있어요. 오래된 한옥을 사서 고쳐 쓰는 사람들도 많고요. 한옥으로 지은 관공서도 있고, 최근에는 한옥 회사, 한옥 병원도 생겼어요. 고급스러운 한옥 호텔도 등장했지요.

그렇다면 집이란 무엇일까요? 그저 잠을 자고 쉬는 곳일까요? 세계 여러 집을 살펴보면서 답을 찾아보기로 해요.

집은 저마다 특징이 있어요. 나라마다 날씨가 다르고 환경이 달라서 자기 사는 곳에 맞는 집을 짓다 보니 저절로 그런 특징들이 생긴 거예요. 어디서나 사람들은 주변에 흔한 재료로 집을 지어요. 돌이 많은 나라는 돌집을 짓죠. 좋은 진흙이 많이 나는 나라는 진흙으로 벽돌을 만들어 벽돌집을 짓고요, 나무가 많은 나라는 나무집을 지어요.

 그리고 날씨에 따라 집의 모양이 달라져요. 눈이 많이 내리는 나라는 지붕을 뾰족하게 지어서 눈이 잘 흘러내리게 해야 돼요. 눈은 생각보다 아주 무거워서 많이 쌓이면 집이 무너지기도 하거든요. 비가 많이 와서 땅이 자주 질척대는 나라는 집을 땅보다 높게 지어요. 더운 나라는 바람을 잘 통하게 짓고, 추운 나라는 따듯하게 지낼 수 있게 벽을 두툼하게 지어요.

 가까운 나라 일본의 집은 우리와 비슷해 보이지만 조금 달라요. 우리와는 기후나 환경이 다른 곳이니까요. 일본 집은 나무로 가볍게 지어야 해요. 지진이 많이 나기 때문이에요. 돌로 근사하게 지으면 보기는 좋지만 집이 무너지면 많은 사람들이 크게 다쳐요.

튀니지의 동굴집

 아프리카 튀니지 사람들은 땅을 파고 땅속에 들어가서 살았어요. 동물처럼 굴속에서 사는 게 이상할 수도 있지만, 그곳에선 동굴집이 가장 좋은 집이랍니다. 튀니지의 동굴집은 땅속으로 10미터나 파고 들어갈 정도로 깊어요. 이렇게 땅속으로 들어간 건 너무 더워서예요. 땅 위는 기온이 45도까지 올라가지만 땅속은 25도 정도로 훨씬 시원하지요.

 초원에 사는 나라들은 천막집을 지었어요. 몽골에서는 지금도 이런 집에서 많이 살아요. 몽골에는 농사지을 비옥한 땅이 많지 않아요.

139

몽골의 천막집
뉴기니의 나무집

　농사 대신 목축으로 살아가는 유목민들은 한곳에 집을 짓고 머물러 살 수 없어요. 그래서 돌아다니며 살기 좋게 가볍고 간단한 천막집을 만들었어요.

　뉴기니 사람들은 아예 나무 위에다 집을 지어요. 집에 드나들기 위해 나무를 오르내리려면 얼마나 힘들겠어요? 하지만 해로운 벌레들을 피하기에는 가장 좋은 방법이지요. 이처럼 집의 재료나 생김새에는 저마다 이유가 있답니다.

　물론 튀니지, 몽골, 뉴기니 사람들이 모두 다 저런 집에서 사는 건 아니에요. 오랜 옛날부터 주변 환경에 가장 알맞은 방법을 골라 집을 지었기 때문에 독특한 건축 양식이 그 나라의 전통 문화로 자리 잡은 거지요. 지금 우리가 보기에 불편해 보이는 건, 옛날과 지금 사는 법이 달라졌기 때문이에요.

   더 좋거나, 더 나쁜 집은 없어요. 모두가 각자의 환경에 맞는 가장 좋은 재료로 가장 편하게 살 수 있게 궁리해서 지은 집들이니까요. 우리 한옥도 과학적으로 우수하고 아름다운 집이지만, 그렇다고 해서 세계에서 가장 좋은 집이라고 말할 수는 없어요. 한옥이 우리에게 소중한 문화유산이 된 것은 우리나라에 가장 알맞게 지은 집이기 때문이에요.

# 본본 기자의 취재 수첩

본본 아저씨가 발바닥에 땀이 나도록 뛰어다니며 취재한
전통 건축 현장 28군데를 공개합니다!

- 경복궁, 창덕궁, 운현궁, 청원산방, 남산골 한옥마을
- 수원향교, 화성
- 개심사, 해미읍성
- 외암민속마을
- 윤증고택
- 경기전, 전주향교
- 화엄사
- 도갑사
- 낙안읍성
- 성읍민속마을
- 강릉객사문, 선교장
- 죽서루, 강문봉 가옥
- 법주사
- 초간정
- 동화사
- 도산서원, 봉정사
- 독락당
- 동계고택

경복궁

창덕궁

운현궁

### 경복궁_ 서울 종로구 세종로
www.royalpalace.go.kr
태조 임금 때 세운 조선 시대 최초의 궁궐이자 으뜸 궁궐. 강녕전, 교태전, 자경전 등 왕실 가족이 생활하는 곳과, 근정전, 수정전 등 왕과 신하들이 일을 하고 연구를 하는 건물들을 만들었다. 임진왜란 때 모두 불타 버린 뒤 고종 때 다시 지었다. 일제강점기에는 많은 건물이 헐리고 조선총독부가 들어서는 등 수난을 겪다가 1990년부터 지금까지 옛 모습을 되찾고 있다.

### 창덕궁_ 서울 종로구 와룡동
www.cdg.go.kr
조선 시대 태종 임금 때 처음 짓고, 그 뒤 인정전, 선정전, 소덕전, 빈경당 등의 건물을 추가로 지었다. 1412년 돈화문을 세워서 궁궐의 면모를 갖추었다. 임진왜란 때 불에 타 선조 임금 때인 1607년에 복구를 시작했지만 그 뒤에도 화재가 몇 번 있었다. 여러 차례 화재에도 불구하고 옛 건물이 비교적 잘 보존되어 1997년 유네스코 세계문화유산으로 등록되었다.

### 운현궁_ 서울 종로구 운니동
www.unhyungung.com
고종 임금이 태어나 12살에 왕위에 오르기 전까지 머문 집이다. 고종이 즉위하자 아버지 이하응은 흥선대원군이 되었다. 대원군이 즐겨 쓴 아재당은 없어지고, 사랑채인 노안당, 안채인 노락당, 별채인 이로당만이 남아 있다. 고종이 창덕궁에서 운현궁을 드나들 수 있도록 만든 경근문과 대원군 전용 문인 공근문이 있었으나 모두 헐리고 없어졌다.

### 선교장_ 강원도 강릉시 운정동
www.knsgj.net
강원도 강릉에 있는 99칸의 사대부 집. 국가 지정 중요 민속자료로 지정되어 있는 개인 소유의 문화재이다. 열화당, 안채, 동별당, 활래정 등이 있다. 안채와 행랑채 사이에는 담을 쌓아서 막았으며, 행랑채 서쪽으로 사랑채에 출입하는 솟을대문이 있다. 활래정은 대문 밖에 있는 큰 연못 옆에 세워진 정자이다.

### 독락당_ 경상북도 경주시 안강읍 옥산리
경주 옥산리 계곡에 자리잡은 아름다운 집. 조선 시대 성리학자 회재 이언적이 벼슬을 그만두고 내려와 살았던 곳이다. 대문을 지나면 독락당으로 들어가는 길과 안채인 역락재로 들어가는 길이 나뉘어 있어, 남녀 출입구를 구분했다. 자연과 잘 어울리는 뛰어난 건축물로 평가받는다.

윤증고택

강문봉 가옥

남산골 한옥마을

**동계고택_** 경상남도 거창시 위천면 강천리
조선 인조 때의 문신 동계 정온이 살던 집으로, 중요민속자료 205호로 지정되어 있다. 남쪽 지방의 집인데도 북쪽 지방처럼 안채가 겹집으로 지어졌고, 사랑채에는 눈썹지붕이 덧대어져 있는 것이 특징이다. 곳간, 사당, 와편굴뚝 등도 볼 수 있다.

**윤증고택_** 충청남도 논산시 노성면 교촌리
조선 숙종 때의 학자인 윤증이 지은 옛집으로, 조선 후기 향촌 사대부 집의 모습을 잘 보여 준다. 담장을 만들지 않고 마당이 마을길과 이어지도록 한 것이 특징이다. 마당에 인공 연못을 꾸미고 산을 쌓아 올리는 등 조선 시대에 보기 드문 정원 문화도 엿볼 수 있다.

**강문봉 가옥_** 강원도 삼척시 도계읍 신리
강원도에 남아 있는 대표적인 너와집으로, 중요민속자료 33호이다. 너와집은 소나무를 일정한 크기로 쪼개어 기와나 이엉 대신 지붕을 덮은 집을 말한다. 물레방아, 통방아, 채독(싸리로 만든 독), 설피(눈 위에서 신는 신), 주루막(사냥용 창) 등 북부 지방의 생활 도구가 남아 있고, 부뚜막 옆에 진흙으로 만든 화티(화로의 불씨를 보관하는 곳)도 볼 수 있다.

**청원산방_** 서울 종로구 계동
www.sungsimart.com
40년 동안 전통 창호 제작에 힘을 쏟은 무형문화재 심용식 소목장이 지은 창호 박물관. ㄷ자 모양 한옥 구석구석에 심용식 소목장이 직접 만든 여러 가지 창호가 전시되어 있다. 꽃살문, 만살문, 불발기문, 달문 등 다양한 문과 창의 특성을 한눈에 비교할 수 있으며, 300여 개의 옛 공구도 볼 수 있다.

**남산골 한옥마을_** 서울 중구 필동
hanokmaeul.seoul.go.kr
남산골의 옛 모습을 찾기 위해 만든 마을. 서울 시내에 있던 한옥 5채를 옮겨 와 복원하고 전통 정원을 꾸며 놓았다. 집의 규모와 집 안에 놓인 가구 등이 서로 달라, 서울 사대부 집부터 서민의 집까지 당시의 생활 방식을 한자리에서 비교해 볼 수 있다. 계곡과 정자가 어우러지는 정원에서는 남산 기슭의 옛 정취를 느낄 수 있다.

**외암민속마을_** 충청남도 아산시 송악면 외암리
500년 전에 정착한 예안 이씨 일가가 살고 있는 마을. 디딜방아, 연자방아, 돌담 등 마을 고유의 문화가 잘 보존되어 있다. 외암종가댁, 외암리 참판댁, 영암댁, 송화댁 등 양반 집과 주변의 초가집들이 옛 모습을 간직하고 있어, 전통 가옥 연구에 중요한 자료가 된다.

### 성읍민속마을_ 제주도 서귀포시 표선면 성읍리
www.seongeup.net
조선 시대 전형적인 제주도 마을의 모습을 간직하고 있는 유서 깊은 마을. 우영(집 안의 작은 텃밭), 올레(마을의 골목길), 물허벅(물을 길어 나르는 물동이), 정낭, 돌하르방 등 제주 고유의 생활 문화를 엿볼 수 있으며, 옛날과 오늘날 제주 사람들의 의식주를 비교하여 살필 수 있다.

### 낙안읍성_ 전라남도 순천시 낙안면
www.nagan.or.kr
1400미터에 이르는 석성과 200여 채의 초가집이 보존되어 있는 옛 고을. 동헌, 객사 등의 관아와 낙민루, 낙풍루 등의 누각이 남아 있으며, 외적을 막아 나라를 지킨 임경업 장군의 발자취도 엿볼 수 있다. 또 짚공예, 목공예, 길쌈, 천연염색, 소달구지, 대장간 등 다양한 전통문화를 체험할 수 있다.

### 해미읍성_ 충청남도 서산시 해미면 읍내리
조선 시대 성종 임금 때 서해안 방어를 담당하기 위해 지은 성. 성벽 높이 5미터, 둘레 1800미터의 규모이며 동·서·남쪽으로 대문 세 개가 있다. 성곽 일부가 허물어지고 학교, 우체국, 주택가가 들어서는 등 본래 모습을 많이 잃었다가 1973년부터 읍성을 복원하기 시작했다. 현재 객사, 동헌, 망루 등이 복원되었다.

해미읍성

수원 화성

### 수원 화성_ 경기도 수원시 팔달구 남창동
hs.suwon.ne.kr
조선 후기, 정조 임금이 아버지 사도세자의 묘를 수원으로 옮기면서 쌓은 성. 군사적인 방어 기능과 상업적인 기능을 갖춘 실용적인 구조로 만들어졌다. 둘레가 6킬로미터에 이르며, 장안문, 팔달문, 창룡문, 화서문 등 사대문이 있다. 다른 성곽에서는 볼 수 없는 독특한 구조와 아름다움으로 1997년 유네스코 세계문화유산으로 등록되었다.

### 강릉객사문_ 강원도 강릉시 용강동
고려 시대에 지어진 객사의 정문으로, 국보 51호로 지정되었다. 현재 객사 건물은 없어지고 문만 남아 있다. 객사는 각 고을에 지어 두고 외국 사신이나 관리들의 숙소로 사용한 건물이다. 지붕은 맞배지붕이고, 지붕 처마를 받치는 공포는 간결한 주심포 양식이며, 배흘림기둥을 세웠다. 고려 시대 건축 양식을 잘 보여 준다.

### 경기전_ 전라북도 전주시 완산구 풍남동
조선 태종 임금은 전주, 경주, 평양 세 곳에 태조 이성계의 어진, 즉 초상화를 모시고 제사하는 전각을 지었다. 그중 전주에 세운 전각을 세종 때부터 '경기전'이라 불렀다. 현재 건물은 광해군 때 고쳐 지은 것이다. 바로 옆 한옥마을과 아름다운 전동성당도 함께 둘러보기 좋다.

### 전주향교_ 전라북도 전주시 교동
cafe.daum.net/2jhg

조선 태종 임금 때 경기전 옆에 지었다가 선조 임금 때 옮겨 지은 향교. 당시에는 99칸에 이르는 큰 규모였으나 현재 대성전, 명륜당 등 16채의 건물이 남아 있다. 대성전은 공자, 안영, 증자, 자사, 맹자 등을 모신 사당이며, 명륜당은 학생들이 공부를 했던 곳이다. 대성전 정면에 일월문이 있으며, 그 앞에 누각으로 지은 정문 만화루가 있다.

### 수원향교_ 경기도 수원시 팔달구 교동
www.skk-suwon.com

고려 시대에 세운 향교였으나, 조선 정조 임금 때 수원 화성을 쌓으면서 현재 장소로 옮겨 다시 지었다. 규모는 작지만, 입구에 하마비와 나무로 만든 홍살문이 있으며 외삼문, 명륜당, 내삼문, 동무, 서무, 대성전 등을 지은 향교 특유의 형식이 잘 갖춰져 있다.

### 도산서원_ 경상북도 안동시 도산면 토계리
www.dosanseowon.com

퇴계 이황의 학문과 덕행을 기리고 추모하기 위해 지은 서원. 서원의 건물들은 선비의 품격과 자세를 반영하듯 간결하고 검소하게 지어졌다. 퇴계가 직접 설계하고, 머물며 제자들을 가르치던 도산서당은 서원에서 가장 오래된 건물이다. 그 밖에도 유생들의 기숙사였던 농운정사, 퇴계의 위패를 모신 사당 상덕사, 학생들이 수업을 하던 건물 전교당 등이 있다.

도산서원

개심사

### 개심사_ 충청남도 서산시 운산면 신창리
www.gaesimsa.com

백제 의자왕 때 처음 세웠으며, 고려 시대부터 개심사로 불렸다. 보물 143호로 지정된 대웅보전은 고려 말 화려한 팔작지붕 양식에서 조선시대 맞배지붕 양식으로 넘어오는 시기에 지어진 것이다. 또 스님들이 묵는 건물 심검당은 단청을 하지 않은 소박한 지붕과 휘어진 기둥으로 유명하다.

### 법주사_ 충청북도 보은군 내속리면 사내리
www.beopjusa.or.kr

속리산에 자리한 법주사는 신라 진흥왕 때 처음 지어졌다. 조선 시대에는 건물 60여 채와 암자 70여 채가 있는 큰 규모의 사찰이었다고 한다. 현재 남아 있는 유일한 목조탑인 팔상전이 국보로 지정되었고, 대웅보전과 원통보전이 보물로 지정되어 있다. 특이한 건물과 구경할 것들이 많은 절이다.

### 화엄사_ 전라남도 구례군 마산면 황전리
www.hwaeomsa.org

지리산 남쪽 기슭에 있는 화엄사는 통일신라 시대 세운 절이다. 진흥왕 때 인도 승려 연기가 세웠다고 전해진다. 임진왜란 때 불탔다가 인조 임금 때 고쳐 지었다. 대웅전을 중심으로 건물이 배치된 대개의 사찰과 달리, 각황전이 중심에 있다. 각황전, 석등, 사사자삼층석탑이 국보로 지정되었으며, 대웅전, 동오층석탑, 서오층석탑 등이 보물로 지정되었다.

동화사

**도갑사_** 전라남도 영암군 군서면 도갑리
www.dogapsamuseum.org
전라남도 영암 월출산에 있는 절. 신라 말기에 도선 국사가 세웠으며, 조선 시대에 고쳐 지었다. 맞배지붕으로 지은 해탈문은 국보 50호로 지정되어 있다. 그 밖에도 대웅보전, 석조여래좌상, 도선국사비 등의 문화재가 있다. 산사 체험 프로그램을 운영한다.

**봉정사_** 경상북도 안동시 서후면 태장리
www.bongjeongsa.org
통일신라 시대 문무왕 때 의상대사의 제자인 능인스님이 세운 절. 고려 시대에 지어진 극락전은 현재 남아 있는 가장 오래된 목조 건물로, 국보 15호로 지정되어 있다. 그 밖에도 대웅전, 후불벽화, 목조관세음보살좌상, 화엄강당 등의 보물이 있다.

**동화사_** 대구 동구 도학동
www.donghwasa.net
대구 팔공산 자락에 자리 잡은 동화사는 신라 시대에 처음 세워진 뒤 8차례에 걸쳐 고쳐 지어졌다. 대웅전을 비롯하여 천태각, 영상전, 봉서루, 심검당 등 현재 남아 있는 건물들은 대부분 조선 시대 영조 임금 때 지은 것이다. 대웅전의 다듬지 않은 나무 기둥과 여러 가지 색으로 새긴 꽃살문은 자연스러운 아름다움이 돋보인다.

**죽서루_** 강원도 삼척시 성내동
보물 213호로 지정된 조선 시대 정자. 울창한 숲과 깎아지른 절벽, 오십천의 푸른 물이 어우러져 아름다운 경치를 만들어 낸다. 원래 맞배지붕이었던 것을 팔작지붕으로 고쳐 지은 것으로 보인다. 죽서루는 관동팔경(관동지방의 여덟 가지 뛰어난 경치)의 하나로 꼽힌다.

**초간정_** 경상북도 예천군 용문면 죽림리
조선 선조 임금 때 학자 초간 권문해가 지은 정자로, 예천 권씨 집안의 별채이다. 우거진 소나무 숲 속 개울이 돌아 흐르는 바위 위에 자리하고 있어 주변 경관이 아름답다. 지붕은 팔작지붕이고, 온돌방과 대청마루가 있다. 뒤쪽과 오른쪽은 절벽을 이루고 있다.

법주사

죽서루

초간정

# 사진 목록

## 지붕
14 외암민속마을 초가지붕  14 윤증고택 기와지붕  15 경복궁 근정전  15 봉정사 극락전 한겨레신문사 제공  16 광화문 한겨레신문사 제공  16 경복궁 향원정  20 경복궁 잡상  20 중국 베이징 쯔진청(자금성) 잡상  21 경복궁 근정전  21 일본 교토 긴가쿠지(은각사)  21 중국 쑤저우 줘정위안(졸정원)  22 일본의 민카  22 러시아 모스크바 성 바실리 사원  22 타이 방콕 에메랄드 사원  22 인도네시아의 통코난

## 기둥
28 강릉객사문  32 개심사 범종각  34 개심사 심검당  34 개심사의 도랑주  35 화엄사 구층암 심인보 제공  36 경복궁 주춧돌  36 민속촌 덤벙주초

## 마루
41 창덕궁 낙선재  42 윤증고택 장마루  42 남산골 한옥마을 우물마루  43 남산골 한옥마을 대청마루  44 남산골 한옥마을 툇마루  44 윤증고택 쪽마루  45 민속촌 들마루  47 민속촌 대청마루  47 남산골 한옥마을 장독대  48 개심사 해우소  49 매화틀 국립고궁박물관 제공

## 온돌
53 민속촌 부뚜막  56 경기전 앉은뱅이 굴뚝  56 남산골 한옥마을 굴뚝  56 경복궁 수정전 굴뚝  58 남산골 한옥마을 화덕  60 경복궁 건청궁 굴뚝  60 경복궁 자경전 굴뚝  61 경복궁 아미산 굴뚝

## 창호
67 경복궁 건청궁 들어열개  68 삼척 강문봉 가옥 봉창 한옥문화원 제공  68 성균관 서재 벼락닫이창  69 동계고택 창호 김천령 제공  69 동화사 대웅전 꽃살문 임석재 제공  70 청원산방 불발기창  71 청원산방 서각장지문  71 창덕궁 낙선재 달문  72 청원산방 눈곱째기창  72 동계고택 눈썹지붕 김천령 제공

## 문
79 선교장 솟을대문  80 수원향교 솟을삼문  81 법주사 일주문  82 법주사 천왕문  83 경기전 홍살문  84 제주도 성읍민속마을 정낭  84 일본 도쿄 메이지신궁 도리이  85 숭례문 한겨레신문사 제공  85 강릉객사문 이용재 제공  85 도갑사 해탈문 영암군 제공

## 담
88 외암민속마을 돌담  90 외암민속마을 돌담  91 독락당 와편담장 이용재 제공  92 함평 생울타리 임혁성 제공  92 남산 한국의집 싸리울  93 서울 재동초등학교 담장  94 경복궁 자경전 꽃담  95 운현궁 꽃담  95 화성 영롱장 수원시 제공  98 전주향교  98 강릉 객사문 이용재 제공  99 상량식 한겨레신문사 제공

## 향교
105 전주향교 만화루 유영수 제공  107 전주향교 대성전  108 전주향교 명륜당  108 전주향교 기숙사  110 도산서원 도산서당  111 도산서원 농운정사

## 읍성
116 낙안읍성 순천시 제공  118 낙안읍성 객사 정상운 제공  118 낙안읍성 동헌 정상운 제공  120 낙안읍성 성벽 순천시 제공  122 화성 장안문, 동북공심돈, 화홍문, 포대 수원시 제공  123 해미읍성 성벽, 호야나무, 양산나무

## 정원
129 삼척 죽서루 한겨레신문사 제공  129 예천 초간정 연합뉴스 제공  130 프랑스 베르사유 궁 정원  131 영국의 정원  133 중국 상하이 위위안(예원)  133 일본의 가레산스이  134 창덕궁 부용지  134 낙안읍성 모정  135 창덕궁 주합루와 부용정 한겨레신문사 제공  135 창덕궁 청의정, 존덕정, 관람정

*제공자를 따로 표시하지 않은 사진은 지은이의 사진입니다.